시간을 짓는 공간

시간을 짓는 공간

건축가 김승회 지음

북하우스

차례

여주주택 소운

시간을 짓는 공간

인생도 그렇지만 집도 성장하고 변화한다. 성장과 변화의 과정이 '집'이다. '집'은 그저 하나의 건물이 아니라, 우리의 삶이 공간과 '함께한 시간'이다.

내가 설계한 주택이 여럿 있지만, 나는 단지 그 집의 한 부분에 참여한 것에 불과하다. 집의 진정한 주인공은 그 집에 사는 사람들이다. 그들이 거주하는 주택은 하루의 생활이 담기면서 그리고 그 하루의 시간이 쌓이면서, 서서히 '집'이 되어간다. 집의 진정한 저자로서 집의 시간에 대해 온전히 말할 수 있는 경우는, 오직 자기 자신이 거주하는 공간과 관련되어 있을 때이다. 시간으로의 집, 과정으로서의 집에 대해 말하기 위해서는 어쩔 수 없이 자신의 집에 대해 진술할 수밖에 없다.

나에게는 작업 공간을 겸한 집이 두 곳에 있다. 여주 강천에 있는 '소운'은 서재에 침실이 덧붙여진 '머무는 집'이다. 서울 후암동에 있는 '소율'은 설계 작업실에 다섯 평 거주 공간이 붙어 있는 '일하는 집'이다. 두 집 모두 일반적인 주택과는 다른 집으로, 건축가가 일하고 거주하는 '건축가의 집'이다. 그렇다고 하더라도 '집'이기에, 집이 지닌 보편적 속성을 고스란히 지니고 있다. 그 공간을 설계한 과정, 그 '집'을 누려온 경험을 나누려 한다. '나의 집'에 대해서 말한다는 것은 나의 '지금, 여기'를 보여주겠다는 뜻이다. 나의 집만큼 나의 모습을 확실하게 증명하는 것은 없다. 나의 '지금, 여기'에 대해 진술하는 유일한 형식은 '고백'이다. 감추어두었던 내 안의 풍경을 열어서 드러내야 한다.

주택의 형식이 '공간'이라면, 집의 형식은 공간 안에 담긴 '시간'이다. 그러므로 집에 대한 나의 고백은 그 시간에 관한 것이다. 집에 대한 소망을 키우고, 집이 놓일 대지를 찾고, 대지에 놓일 공간을 설계하고, 건물을 짓고, 마당을 가꾸고, 집에 정주하여 살아가는 시간에 대한 이야기이다. 집의 시간은 순차적으로 일어났던 사건만을 간직한 것이 아니라, 기억과 소망, 감동과 성찰을 내포하고 있다. 희랍인들은 시간을 '크로노스chronos'와 '카이로스kairos'로 구별했다. 크로노스는 일반적인 시간으로 시계를 따라 흐르는 시간이라면, 카이로스는 의미가 응축된 시간이다.

이 글을 통해 담고 싶었던 '집의 시간'은 카이로스 – 지난 기억과 오랜 소망, 미래의 꿈이 어떤 공간을 만나 오늘의 실천을 통해 하나의 의미로 맺혀지는 시간이다. 집은 시간kairos을 짓는 공간이다. 이슬처럼 맺혀진 시간만이 기억이 되고, 그림이 되고, 음악이 되고, 이렇듯 문장이 된다.

첫 번째 공간

여주주택 소운 素雲 흴 소, 구름 운

내게 왜 집이 필요했을까?

인간의 정체성은 장소의 정체성을 전제로 한다.
  —『장소의 혼』, 크리스티안 노베르그 슐츠 저, 민경호 외 역, 태림문화사, 1996.

건물을 짓는다는 것, 이것은 한 개인에게 엄청난 사건이다. 웬만한 이유로는 건축이 시작되지 않는다. 건축을 하기 위해서는 많은 수고가 필요하기 때문이다. 절박한 이유나 간절한 소망이 있을 때 비로소 건축이 시작된다. 여주의 집, '소운'을 짓기로 결심해야만 했던 절박한 이유, 간절한 소망은 무엇이었을까?

이제 다시 돌이켜 생각해보면 뭐 그리 대단한 사연이 있었나 싶다. 이미 이루고 난 다음에는 과거의 절박함과 간절함은 허공 속에 흩어지고, 오늘의 사건과 내일의 목표를 대면하면서 당장 닥친 일을 해결해야 한다고 스스로 다그친다. 여주에 '소운'을 짓기로 결심한 계기를 적기 위해서는, 시간을 갖고 기억을 되짚어 올라갈 수밖에 없다. 지난날의 여러 소망이 떠오른다.

우선, 홀로 작업할 수 있는 고요한 공간을 갖고 싶었다.

카프카는 집을 나와 호텔에 있을 때 가장 행복했다고 전해진다. 그의 집에 있는 방은 통로를 겸하고 있어서 수시로 가족이 지나다니고, 그들과 원하지 않는 대화를 해야 하기 때문에 집중하여 글을 쓰기가 어려웠다. 버지니아 울프는 여성이 작가로 살기 위해서는 일 년에 500파운드의 돈과 더불어 '자기만의 방'이 필요하다고 주장했다. 방해하는 이 없이 홀로 머물 수 있는 방은 모든 작가의 첫 번째 소망이다.

어떻게 보면 내가 때로 집과 사무실을 떠나 콘도를 전전하며 작업을 한 것도 카프카나 버지니아 울프와 비슷한 상황이었기 때문이다. 집이든 사무실이든 '자신만의 방'이 없었기에, 홀로 집중하여 작업할 수 있는 공간이 절실히 필요했다.

1995년 설계사무소를 열고 나서 급하게 설계할 일이 있으면 대관령의 콘도에서 며칠씩 홀로 머물며 작업을 하곤 했다. 콘도에 스스로를 유폐하며 설계하는 시간은 늘 힘들게 느껴졌다. 설계할 자료와 도구를 들고 다니는 일이 번거로워서 어딘가에 작업실을 갖고 싶었다. 힘든 작업을 하는 만큼, 작업 공간은 나에게 맞게 설계된 공간이길 바랐다. 적당한 크기의 책상과 책을 꽂을 서가, 노트북과 색연필 등 설계에 필요한 도구들이 들어갈 서랍, 그리고 가끔 피곤한 몸을 기댈 푹신한 소파를 갖춘 서재라면 좋을 것 같았다.

어쩌면 서재를 핑계로 삼아, '집'을 갖고 싶었는지도 모르겠다.

작업실을 갖겠다고 결심하고 나서, 떠오른 공간은 작업실만은 아니었다. 예쁜 마당과 작은 침실도 떠올랐다. 홀로 책을 읽고 설계하는 모습도 상상했지만, 아담한 방에서 새소리를 들으며 잠에서 깨는 모습도 떠올렸다. 때론 지기와 테이블에 앉아서 정원을 바라보며 한잔하는 그림까지도 그렸던 것을 보면, 내가 지을 집은 서재와 침실, 그리고 식탁과 마당까지 갖추어야 했다.

학생들과 수업을 하면 좋을 것 같았다. 학교에 갇혀서 공부하는 아이들을 자연을 향해 확 터진 공간으로 데려와서 '집'을 경험하고, 건축을 이야기하고, 인생을 이야기하고 싶었다. 그렇다면 다함께 모일 수 있는 공간이 필요했다.

소망은 소망을 낳는다. 열다섯 평 서재를 만들려고 했던 소박한 꿈은 시간이 흐르면서 더욱 커져서, 서재 + 집을 원하게 되었다. 홀로 열중하는 작업과 독서가 중심이 되는 공간이지만, 그곳에 머물며 살고, 때론 사랑하는 이들과 함께 시간을 보내고, 제자들과 어울려 배우고 익히는 장소를 만들고 싶어졌다.

오랜 수고 끝에 마침내 그 소망을 이루었다. 꼬박 15년이 걸렸다.

진정 원하는 것

15년의 기다림 끝에 비로소 원하는 집을 설계하기 시작했을 때, 내 마음을 압도했던 것은 그동안 내 안에 자리 잡고 있었던 소망의 목록이었다. 그 공간에 마련하고 싶은 것들이 제법 있었다. 나의 '위시리스트'는 대강 이랬다.

책상과 책꽂이: 테이블의 길이는 1.8미터. 도면을 올리고 남은 공간에 책 몇 권과 색연필 등을 둘 수 있다. 책상 앞으로 좋은 전망을 볼 수 있으면 좋겠다. 책꽂이 선반의 높이와 깊이는 책의 크기와 잘 맞아야 한다.

식탁: 때론 친구들과 어울려 한잔할 수 있는 크기의 식탁. 상판은 원목이며, 래커칠은 최소한으로 해서 원래의 목재 질감을 느낄 수 있도록 한다.

침실: 소리에 예민하기 때문에 조용한 것이 가장 중요하다. 크기는 이불을 펴고 잠을 잘 수 있는 최소한의 크기면 된다. 이불장과 옷장이 필요하다.

욕실: 샤워실과 별도로 욕조를 둔다.

마당과 테라스: 마당은 단순하게 비어 있는 공간이면 된다. 테라스에는 처마를 둔다.

오디오와 비디오: 스크린 대신 흰 벽을 비워두어 이용한다. 오디오를 올릴 가구는 직접 디자인한다. 씨디는 책꽂이의 일부에 수납한다.

손님방: 막연히… 둘에서 넷 정도가 머물 수 있는 크기면 될 것 같고.

다락: 또 막연히… 지붕 아래로 다락이 있으면 재미있겠다.

화장실: 손님방에 별도로 화장실을 마련하는 것이 좋으니 모두 두 개가 필요하다.

그리고 몇 가지가 더 있었을 것이다.

그런데 막상 위시리스트를 정리하고 보니 집에 대해서 생각한 것이 그리 많지 않다는 것을 깨닫고 크게 놀랐다. 그토록 집을 원했으면서도 정작 원하는 것은 별게 아니었다. 이 정도 위시리스트로는 집이 성립하지 않는다. 현관과 신발장, 부엌과 싱크대, 거실과 소파에 이르기까지 상세한 디테일이 있는 위시리스트가 있어야 설계할 수 있다. 건축주인 나는, 건축가인 또 다른 내가 알아서 해줄 것이라고 막연히 기대했던 것 같다. 그동안 제법 많은 주택을 설계했으면서도, 정작 건축가인 내 자신은 집에 관하여 무엇을 바라는지, 무엇을 욕망하는지 알

지 못했다. 다른 이의 소망과 욕망에는 주목하면서도 정작 내 안의 그
것에는 무심했다.

생각해보면 집에 관한 나의 위시리스트는 파편화되어 있을 뿐 전체
적인 성격이 없었다. 그것은 삶의 스타일이 없다는 뜻이기도 하다. 설
계의 스타일이 있을지 모르지만 삶의 스타일이 없다는 것, 그것은 무
엇을 의미하는가? 진정 일과 생활이 통합된 조화로운 삶이 내게는 없
었다는 뜻일까, 아니면 삶의 스타일과 건축의 스타일은 독립적으로 존
재하는 것일까?

언젠가 존경하는 선배 건축가로부터, "누가 내 집 좀 설계해주었으
면 좋겠어" 하는 넋두리를 들은 적이 있다. 비로소 그 말이 이해가 되
었다. 건축가에게 제일 어려운 건축주는 자기 자신이다. 어쨌든 이토
록 빈약한 소망의 파편으로 설계를 시작할 수는 없었다.

설계 과정을 통해서 막연히 아는 것은 아는 것이 아니라는 것을 깨
달았다. 막연히 원하는 것들의 실체를 찾다보면, 실은 어떤 형태도 없
는 관념이거나 추상이었다. 진정 원하는 것은 언제나 아주 뚜렷하고
구체적인 형태를 띠고 있었다. 원한다는 것, 구체적으로 원하는 것이
있다는 것, 그것은 삶의 형식과 내용을 알기 위해 노력한 세월이 있다
는 증거이다.

마침내, 집을 설계하는 과정은 예기치 않게 전혀 다른 국면으로 나

를 이끌었다. 설계의 전 과정은 나의 소중한 일상이 '무엇이 되기를 바라는지'를 찾아가는 과정이었다. 갖고 있던 소망을 기어이 이루어 '소유'하는 것이 아니라, 집을 짓는 시간을 통해 내 자신을 새롭게 발견하고, 그것을 '실현'하는 과정이었다.

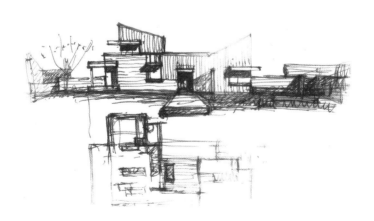

관습, 관행, 카탈로그

돌이켜보면 내가 나의 소망을 제대로 알지 못한다는 사실을 깨닫는 순간이 집을 짓는 과정에서 가장 극적인 단계였다. 완성된 집, '소운' 에는 그 자취가 또렷이 남아 있다. 마침내 내가 살고 싶은 방식을 찾았고, 그것을 집에 담으려 했다. 그렇지만 내 소망의 리스트가 완전히 완성된 것은 아니었다. 집을 지으면서 제기된 질문에 끝내 답을 하지 못한 항목도 많았기 때문이다. 집이 완성되어야 하기에 어쩔 수 없이 만들어놓은 것이 제법 있다. 화장실도, 부엌도, 보일러실도 그렇다. 원하는 것으로 모두 이루어지지 않았다 하더라도, 충분히 만족스러웠다. 왜냐하면 내가 이루고 싶었던 최소한의 소망을 이 집을 통해 실현할수 있었기 때문이다.

집에 대해 내가 원하는 것이 무엇인지 모두 알기 위해서는 아직 더 많은 시간이 흘러야 할 것 같다. 어쩌면 그 시간은 영영 오지 않을 수도 있다. 집을 이루는 요소들은 너무나 많기 때문이다. 그 모든 것에 대하여 뚜렷한 취향을 갖기란 그 누구라도 불가능할 것이다.

집에 대한 소망의 리스트가 집을 짓는 데 필요한 모든 항목을 담을 수 없다면, 집은 어떻게 완성될 수 있을까? 건축이라는 체계와 역사 속에서 확립되어온 관습과 관행들이 채우지 못한 빈칸을 채워준다. 싱크대의 높이, 변기와 세면대의 거리, 문짝의 크기, 손잡이의 작동 방식 등 집을 구성하는 많은 항목들은 오랜 세월 축적된 데이터가 모여 생성된 규범에 의해 만들어지고 생산된다. 집의 모든 부분을 자신의 취향에 따라 맞추려 한다면, 아마도 평생을 가도 집이 완성되기 어려울 뿐 아니라, 결과도 좋지 않을 것이다.

원시 건축 또는 토속 건축에 있어서 '관습적 방법'은 신성시 되었으며, 개인이 이 생산 방법에서 조금이라도 벗어날 경우 벌을 받는 일은 흔히 있는 일이었다.

－『주거 형태와 문화』, 아모스 라포포트 저, 이규목 역, 열화당, 1985.

과거에는 문화권별로 집을 만드는 방식을 공유했다. 뿐만 아니라 사회에서 통용되는 규범이 집을 만드는 구석구석을 통제했다. 조선시대에도 사대부의 집이 일정 규모를 벗어나거나, 건물에 원기둥을 쓰거나 붉은 칠을 하는 경우에 벌을 받았다. 현대에 이르러서도 건축 관련 법규와 세금 체계가 집의 규모와 형식을 제한한다. 새로운 건축술이 다양하게 소개되었지만, 여전히 건물을 만들어내는 방식은 오랜 세월 검

증된 생산 체계에 의해 만들어진다.

그것은 '표준'과 '규격'으로 제시되고, 그 결과물은 설계 가이드라인으로, 제품의 카탈로그로, 또 표준 디테일과 시방서로 정리된다. 수많은 사람들의 요구가 모여 제품이 개발되고, 개발된 다음에도 오랜 세월 진화한다. 따라서 집에서 만나는 문틀, 가구, 집기 등 모든 건축자재에는 건축과 관련된 문명과 산업의 진화 과정이 담겨 있다. 필요에 따라 맞춤으로 만들 수 있는 부분도 있지만, 기성 제품을 선택할 수밖에 없는 경우가 훨씬 더 많다.

개인의 특별한 취향과 소망이 집의 고유성을 만들어내지만, 관습과 규범이 만들어낸 건축의 시스템과 체계가 결국 집을 완성시킨다. 우리 문명이 만들어낸 체계에 기대어 우리의 소망을 관철할 수 있다. 한 개인이 만들거나 선택할 수 없는 많은 것들, 표준 디테일과 제품 카탈로그, 건축재료, 법규. 그 수준이 그 시대와 그 사회의 건축 문화의 수준이다.

따라서 집의 완성도는 한 개인이 속한 사회의 수준을 뛰어넘을 수 없다. 우리의 집, 우리의 동네를 바라보면, 우리 사회의 역량을 볼 수 있다. 집은 결국 자신이 원하는 소망 위에, 우리 사회의 집에 대한 관행과 생산의 체계가 더해져서 만들어진다. 집은 개인의 고유한 공간인 동시에 사회 시스템이 만들어낸 산물이다.

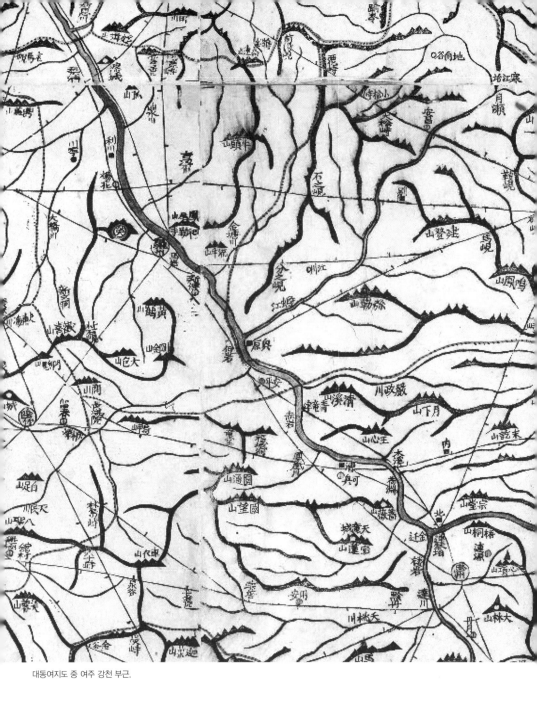

대동여지도 중 여주 강천 부근.

위치를 정하다

동북쪽으로 오대산 서쪽 물을 받아들여 서남쪽으로 흐르면서 원주에 이르러 섬강이 되고, 홍원창 남쪽으로 흘러들어 충강하류와 합친다. 마을이 두 강 사이에 위치하였는데, 두 강이 청룡 백호가 되다가 마을 앞에 모여서 깊은 못이 되었다. 오대산 서쪽 적악산 맥이 여기에서 아주 끊어지고, 강 너머 산이 좌우에서 문을 잠근 것처럼 가리워서 지리가 가장 아름답다.

－『택리지』, 이중환 저, 이익성 역, 을유문화사, 1993.

집의 최초의 형식은 대지이다. 집을 지을 때 제일 중요한 일은 집을 지을 땅을 찾는 것이다.

작업실을 겸한 집을 짓기로 결심한 뒤에, 지을 곳을 어디로 정할지 궁리하기 시작했다. 처음에는 작업을 위해 종종 찾아가던 대관령 지역을 알아보았다. 한여름에도 모기가 없을 정도로 시원한 그곳의 기후가 좋았기 때문이다. 시간 날 때마다 그곳의 땅을 알아보았지만 쉽지 않았다. 거래되는 땅의 단위가 크고, 가격 또한 나에게 벅차게 느껴졌다.

경제적인 상황도 오르락내리락했기 때문에 적절한 구입 시점을 찾지 못하고 속절없이 세월만 보냈다.

여주와 처음 인연을 맺은 것은 프로젝트 때문이었다. 여주에 관공서를 설계할 일이 있어 자주 다녔는데 그때 여주와 여주 사람들에 대해 좋은 인상을 갖게 되었다. 여주는 내가 태어난 곳도, 자란 곳도 아니지만 왠지 친숙한 느낌이 들었다. 내가 태어난 원주와 바로 이웃한 곳이기 때문일지도 모르겠다. 이곳 사람들의 말씨도 어딘가 원주 사람의 말투와 비슷하여 행복했던 고향의 어린 시절을 떠올리게 했다.

2009년 봄, 여주에 살고 있는 어머니의 친지로부터 조언을 얻을 기회가 있었다. 좋은 지역을 몇 군데 추천해주셨는데 그중 가장 외져 보이는 강천이 마음에 들었다. 공기가 맑고 주위가 조용한 동네였다. 집터의 후보지로 여주 강천을 정하고 보니, 원주가 바로 옆이었다. 더구나 터를 삼기로 한 동네는 강천의 여러 마을 중에서 원주와 가장 가까웠다.

나중에 강천에 관하여 조사해보니 조선시대까지 원주에 속해 있던 지역이었다. 그러니까 나는 내가 태어난 고향으로 되돌아온 셈이다. 열 살에 고향을 떠난 이후, 대부분의 시간을 서울에서 살았고 평소에 고향을 의식하지 않고 살았던 터였다. 집을 지을 땅을 정할 때 원주를 후보로 떠올리지 않았지만, 결국 나는 원주로 돌아왔다. 나의 고향은 남한강이 태백산 줄기를 만나는 어디쯤이라고, 내 마음 깊숙한 곳에 저장되어 있었나보다.

타임머신을 타고 1960년대 원주로 다시 갈 수 없는 이상, 나는 고향으로 돌아갈 수 없다. 나의 고향이 더 이상 존재하지 않지만, 고향은 어떤 이미지로, 강과 산이 만나는 공간의 원형archetype으로 남아 있다. 어쩌면 여기 강천뿐만 아니라 산과 물이 만나는 모든 마을이 나의 고향인지도 모른다. 내 안에 있는 회귀 본능이 지향하는 곳은 원주라는 특정한 지역이 아니라, 보편적인 삶의 정주 공간일 것이다.

집 지을 터를 정하다

마침 여주 강천면에 매물로 나온 밭이 하나 있었는데, 밭이 산과 바로 붙어 있어 경치가 좋았다. 전망이 남쪽으로 열려 있으면서도 산으로 둘러싸인 아늑한 곳이었다. 근처에 실개천이 흐르고 조금만 더 가면 섬강과 남한강을 만날 수 있었다. 비탈진 밭이어서 가격도 괜찮았다. 서울에서 네 평의 땅을 살 수 있는 예산으로 밭 사백 평을 구할 수 있었다. 다만 경사가 급한 것이 흠이었다.

그동안 수많은 프로젝트를 해오면서 느낀 것은 흠이 없는 땅은 없다는 것이었다. 대지가 지닌 결점을 극복하다보면 외려 예기치 않은 흥미로운 공간이 만들어진다. 흠이 없다면 특징이 없다는 뜻이고, 그렇다면 바로 그게 가장 큰 흠이다. 내가 선택한 대지는 경사가 급하고 모양이 길쭉했지만, 그것까지도 마음에 들었다.

여주하고도 강천에 터를 잡기로 정한 뒤로, 모든 일은 일사천리로 진행되었다. 두 달만에 매입을 위한 과정을 매듭지었다. 구입한 땅은 더 이상 경작을 하지 않는, 잡풀이 우거진 상태였다. 지목이 '전', 즉 밭으로 되어 있기 때문에 집을 지으려면 지목을 '대지'로 바꾸는 행정

절차를 밟아야 하는 땅이다. 집을 짓기 위한 공사비를 마련하기 위해서는 몇 년을 더 기다려야 했으니 설계를 바로 시작할 상황은 아니었다.

그럼에도 불구하고, 땅을 구입한 지 얼마 지나지 않아 설계를 시작할 수밖에 없었다. 토지를 구입한 그날부터 매순간 집을 그리고 있는 나 자신을 발견했기 때문이다. 다른 프로젝트를 하고 있다가도 금세 그 일에 나도 모르게 몰두하고 있었다. 당시에 진행 중이던 프로젝트가 여러 개가 있었다. 무사히 다른 프로젝트를 마치기 위해서라도 여주 집의 설계를 되도록 빠른 시간 안에 매듭을 지어야만 했다.

지형, 땅의 형상을 읽는다는 것

건축의 기본적인 행위는 어떤 장소의 소명을 이해하는 것이다. 우리는 대지를 보호하고 스스로 포괄적인 총체성의 부분이 되는 것이다.
　—『장소의 혼』, 크리스티안 노베르그 슐츠 저, 민경호 외 역, 태림문화사, 1996.

집을 짓는 것은 소유한 필지 안에서 이루어지지만, 설계에서 고려해야 하는 대지의 범위는 소유한 필지를 넘어서 그 주변 전체를 아우른다. 부석사를 설명하면서 소백산을 뺄 수 없고, 경복궁을 이해하기 위해서는 서울의 산과 물길을 생각하지 않을 수 없다. 피라미드 같은 경우에는 광대한 우주 전체를 대지의 범위로 삼았다고 할 수 있다. 집을 설계하는 일은 장소의 의미를 이해하고, 그 장소와 관계를 맺는 범주를 정하는 것으로부터 시작한다. '소운'을 설계하는 첫 단계로 주변 대지의 지형을 살피게 되었다. 산과 들, 그리고 물길의 형상을 파악했다. 그 과정에서 이 대지가 갖고 있는 시공간의 맥락을 파악할 수 있었다.

대지는 하나의 텍스트라고 말할 수 있다. 그 텍스트는 새로운 해석을 기다린다. 건축가는 땅을 해석하는 사람으로, 그가 땅을 해석하는 방식에 따라 건축의 결과는 크게 달라진다.

지형, 땅의 형상을 읽는다는 것, 그 내용은 무엇인가?

일차적으로는 설계에 필요한 실질적인 데이터를 수집하는 것이다. 지질에 대한 조사를 통해 대지의 일부 영역은 퇴적된 흙이 쌓인 불안정한 지반이라는 것을 알았고, 측량을 통해서 대지의 고저 차가 5미터가량 난다는 것을 알았다. 대지의 일부가 마을에서 사용하는 도로로 사용되고 있다는 것은 지적 측량 후에 비로소 알게 되었는데, 그 공간을 내 것이라고 주장하면 이웃 주민들의 통행이 불가능해진다는 사실도 알게 되었다. 구입한 대지보다 실제 사용할 수 있는 대지가 작았지만 어쩔 도리가 없었다. 신갈나무와 산벚나무, 소나무가 주변 산에 가장 많이 분포하는 수종이라는 것도 알게 되었다. 대지 주변에 큰 나무들이 제법 있는 것이 반가웠다. 계곡의 물길이 대지의 한쪽 편을 지나는 것도 발견했다. 건축을 하는 과정에서 주의해야 할 것이 많이 보였다.

지형을 읽는 것의 또 다른 차원은 대지에 어떤 의미를 부여하는 일이다.

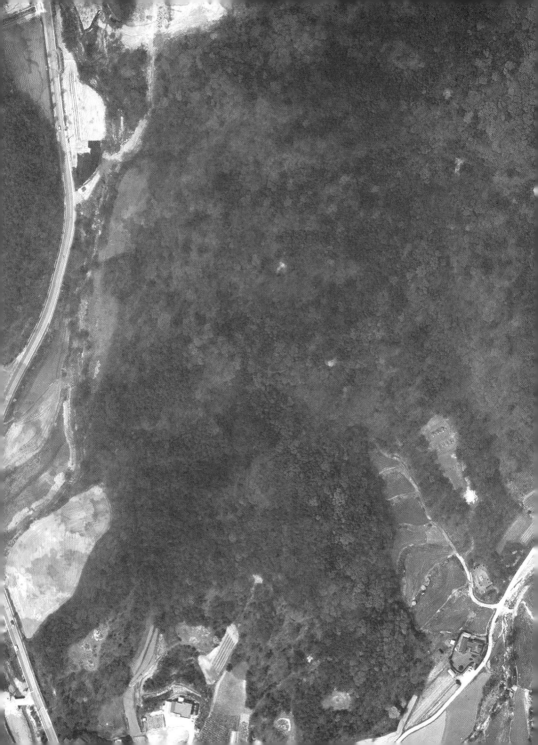

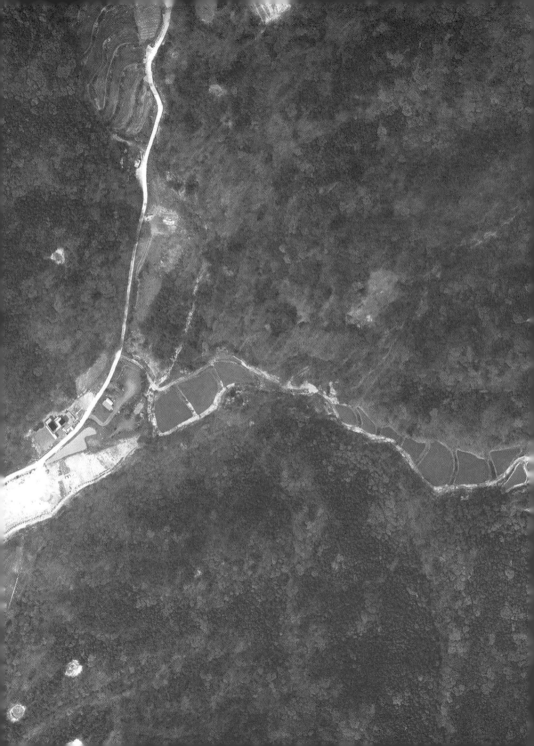

지금은 너도 알아차렸겠지만, 지상의 땅은 한치도 남김없이 모두 신과 관련되어 있다. 어머니 대지는 창조가 시작된 이래 줄곧 5대 원소의 하나로 존재해왔다. 대지는 그 목표가 좋든 나쁘든 수많은 목표를 향해 헤아릴 수 없이 많은 발이 이리저리 뛰어다니는 것을 보았고, '칼라(시간)'가 모든 것을 삼켜버릴 때까지 앞으로도 계속 그럴 것이다. 관계자가 모두 사라진 뒤에도 대지에는 여전히 전에 그곳을 지나간 모든 발자국이 빈틈없이 남아 있다. 우리는 우리 발이 밟는 땅 한 조각 한 조각이 신이나 그밖의 것과 맺고 있는 관계를 알아야만 비로소 완전한 깨달음을 얻게 된다. 그렇지 않으면 불이 환하게 켜진 복도와 정원을 장님이 지나가는 것과 마찬가지일 것이다. 너는 지금 그 강을 보고 있다.

-『라마야나』, R. K. 나라얀 편저, 김석희 역, 아시아, 2012.

경관의 질서를 이해하고 의미를 새롭게 부여하는 과정을 통해 대지는 진정한 '집의 영역'이 된다. 집과 환경이 물질적 관계를 넘어서 의미의 관계를 맺게 되면서, 그곳에 사는 사람들의 육체와 정신이 대지에 뿌리를 내리게 된다.

설계를 위해 광역적인 땅과 물의 흐름을 살피게 되었다. 주변의 산, 주변의 강에 대해 하나씩 알아가기 시작했다. 백두대간, 오대산, 승지봉, 운봉, 삿갓봉, 마감산, 남한강, 섬강, 부평천 등 산맥과 물길이

여주 강천 항공 사진.

'소운'의 대지와 관련되어 있었다. 오대산 계곡에서 발원한 물길이 남으로 정선과 영월을 거쳐 단양과 충주에 모인다. 충주호에서 시작한 충강은 다시 북으로 흐르고, 여주 강천에서 섬강을 만나면 비로소 남한강은 완전한 모습을 갖춘다. 오대산 산줄기는 백두대간의 한 자락을 만들며 홍천을 지나 횡성에 이른다. 횡성과 홍천을 오가던 산맥은 여주로 방향을 틀어 남쪽으로 달린다. 마침내 남한강을 만나 긴 여정을 마치고 목을 축인다. 오대산에서 시작된 물길과 산줄기는 서로 다른 방향으로 굽이쳐 흐르다 여기, 여주 강천에서 다시 만난다.

그 만남의 과정이 땅이 만든 드라마라고 느껴졌다. '정선 아리랑'이 남한강 물길의 노래라면, '메밀꽃 필 무렵'은 오대산 자락, 어느 산길에서 생긴 이야기이다. 수많은 노래와 이야기들이 여기의 물길과 산길을 따라 생겨나고 사라졌을 테다. 물길과 산줄기가 흩어졌다 만나고, 다시 흩어졌다 만나는 주름진 역사를 모든 땅은 간직하고 있다.

오랜 세월에 걸쳐 주름이 된 공간과 시간, 그 한구석을 빌려 집의 터로 삼는다. 땅이 '집의 터'가 되는 순간부터, 장소는 의미를 갖고 삶과 결합한다. 그리고 삶과 삶이 어울려 노래와 이야기가 생겨난다. 소운이 자리 잡은 이 언덕바지에도 수많은 이야기와 노래가 묻혀 있을 것이다. 그 위로 새로운 이야기, 새로운 노래가 새로 생겨나기를, 소운이 그것을 담아내기를 바란다.

선례를 떠올리다

할 수 있는 한 많은 훌륭한 예술가들의 영향을 받을 것. 그러한 영향
을 솔직히 인정하든가 그렇지 않으면 그것을 감추려는 품위를 지닐 것.
　　　-'시의 용어', 『지하철 정거장에서』, 에즈라 파운드 저, 정규웅 역주, 민음사.

　건축은 전승되는 예술이다. 과거의 건축물들이 성취한 기술과 규범
을 받아들이고, 그것을 바탕으로 새로운 진화를 이루어내는 예술이다.
건축의 선례들은 새로운 창조의 바탕이 된다. 나에게 선례라고 하는
것은 '고전'이라고 불리는 건축이다. 선례를 참고하는 것은 선례로부
터 배우고 싶어서이기도 하고, 동시에 선례와 다르게 하고 싶어서이기
도 하다.

　소운을 설계하면서 여러 주택들을 떠올렸다. 르 코르뷔지에의 빌라
사보아, 프랭크 로이드 라이트의 제이콥스 하우스, 루드비히 미스 반
데르 로에의 판스워스 하우스, 찰스 임스의 임스 주택, 글렌 머컷의 심
슨 리 주택, 렘 콜하스의 보르도 주택 등, 내가 알고 있는 주택들이 빠
른 속도로 머릿속을 지나갔다.

경북 지방에서 인상 깊게 본 반가주택도 떠올렸다. 여러 주택의 평면 유형 중에서 'ㅁ'자로 안채의 중정을 형성하고 사랑채 부분이 돌출되어 사랑마당을 지배하는 안동 지방의 주택들을 특별히 좋아했다. 누마루와 사랑방으로 이어지는 사랑채 부분이 안채와 절묘하게 결합하여 음과 양, 남과 여, 바깥살림과 안살림의 공간이 개념적으로나 공간적으로 완벽하게 구별되면서 결합된 형태이다.

한옥을 참고하기는 했지만 한옥의 공간 구조를 내가 사는 공간에 그대로 가져올 수는 없었다. 화장실, 욕실, 보일러실, 냉장고, 침대, 싱크대, 컴퓨터, 에어컨 등과 같은 생활의 장치들이 새로운 공간의 형식을 요구한다. 더욱이 소운은 서재에 거주 공간이 붙은 공부하는 집으로, 큰 살림을 운영하던 반가의 주택과는 그 기능과 성격이 판이하게 다르다. 평소에 한옥은 한옥이 지어진 시대에 속한 건축이며, 우리는 우리 시대의 전형을 창조해야 한다고 믿어왔기에 한옥을 설계의 기준으로 삼을 생각이 없었다.

그럼에도 한옥이 갖고 있는 공간의 구성 방식이 끌렸다. 영역이 구별되는 방식, 즉 공동의 공간인 마루를 사이에 두고 생활 영역을 구별하는 방식이 지혜롭다고 생각했다. 마당을 구별하는 방식에도 주목했는데, 사랑마당과 안마당, 그리고 후원으로 외부 공간이 전개되고 거주의 영역과 외부 공간의 성격이 맞아 들어가는 방식이 특별히 좋았다.

한옥의 구성 체계에 이토록 끌리는 이유가 어쩌면, 한옥이 내포하는 삶의 형식이 내 삶의 형식 안에 전승되어 있기 때문이 아닐까 생각해보았다.

한옥이 중요한 전범이 되었지만 동시에 다른 나라의 주택도 참고했다. 일본의 도시주택인 마치야도 떠올랐다. 작은 공간을 입체적으로 분절하는 방식이 늘 매력적으로 느껴졌다. 중국의 정원 건축도 떠올랐다. 좁고 긴 진입 과정을 지나 터진 마당을 만나는 공간전개 방식을 설계할 때마다 자주 떠올린다.

많은 선례를 떠올리고 참고했음에도 불구하고, '소운'은 세상에 단 하나뿐인 건축이다. 소운이 자리 잡은 여주 강천의 땅은 세상에 하나만 있는 대지이고 나 자신 역시 유일의 존재이다. 대지와 사람이 만나 집을 만들 때, 그 집도 어쩔 수 없이 특별하고 고유한 성격을 갖는다.

원하는 공간

대지를 구입한 그 순간부터 집을 그리기 시작했다. 그렇지만 그 그림은 정확한 선을 만들지 못했다. 아직 많은 것이 정해지지 않았기 때문이다. 원하는 공간이 무엇인지 다시 정리해야 했다. 우선, 꼭 필요한 공간을 하나하나 정해 나갔다. 돌이켜보면 소운을 설계하는 데 쓴 시간보다 무엇을 원하는지 생각한 시간이 더 많았던 것 같다.

제법 많은 시간을 고민했음에도 여전히 정한 것보다 정하지 않은 사항들이 훨씬 더 많았다. 그렇지만 어느 정도 원하는 공간의 리스트가 만들어졌으니, 설계를 진행할 수 있었다. 집이 지어지는 과정에서 무엇을 원하는지, 집이 어떻게 되어야 하는지 깨닫게 될 것이라 믿었다. 설계 과정에서 루이스 칸의 충고가 든든한 위로가 되었다.

건물을 짓기 전에 그 건물에 대한 모든 답을 알고 있다면, 당신의 답은 틀린 것이다. 건축이 시작되고 마침내 완성되는 과정 속에서 옳은 답을 얻게 될 것이다.

-루이스 칸, 『Light is The Theme』, Conversation with client, Kimbell Art Museum, 1971.

설계를 진행해가는 과정에서 원하는 것이 새롭게 떠오르고, 무엇인가 정해야 할 것이 생겨났다. 집에 대한 소망과 그 실천은 서로 관계를 맺으면서 발전해갔다. 소망이 발전하면 디자인도 따라 발전했으며, 디자인이 새로워지면 요구가 새로워졌다.

터를 닦기

집을 짓기 위해서는 터를 닦는 것이 먼저이다. 최초의 대지는 언제나 거칠기 마련이고, 집을 짓기에 적당하지 않다. 터를 고르는 지난한 과정을 겪고 나서 비로소 집이 들어설 준비가 마무리된다.

'닦다': 건물 따위를 지을 터전을 평평하게 다지다.

'소운'의 경사진 땅을 어떻게 정돈할 것인지 무척 고민이 되었다. 대지가 텍스트라면, 땅을 변형하는 일은 텍스트를 고치는 일이다. 새롭게 고쳐 맥락을 바꾸고 관계를 조정하는 일이다. 땅은 터를 닦으며 다시 태어난다.

모든 건축 프로젝트는 지형을 바꾸는 일이 포함된다. 문제는 '어느 정도'이냐이다. 소운의 대지는 비탈진 밭이었다. 집을 짓기 위해 터를 다지면서, 경사진 원지형을 되도록 유지하느냐, 아니면 축대를 쌓아 평평하게 다질 것이냐, 두 입장 사이에서 나는 후자를 택했다. 소운은 전체 영역을 평지로 조성한 것은 아니지만, 집이 들어서는 영역의 대부분을 평평하게 만들었다. 그러기 위해서는 축대를 세워야 했다.

과거의 사례들을 떠올려보았다. 부석사, 불국사, 퇴계의 서원, 양동 마을의 주택들…. 하나같이 마당을 만들기 위해 축대를 쌓았다. 그리고 축대를 아름답게 쌓았다. 경사를 극복하고 평지를 만들기 위해 어쩔 수 없이 축대를 쌓았지만, 그 결과로 공간의 마디가 생기고 독립된 공간이 생겨났다. 부석사의 무량수전을 향해 오르면서, 불국사의 높이가 다른 마당을 순회하면서, 그 공간이 선사하는 특별한 아름다움에 감탄하곤 했다.

축대를 세우는 일이 마음에 걸리는 일이기는 했지만, 원하는 규모의 마당을 확보하면서도 전례와 같이 좋은 공간을 만들고 아름다운 축대로 경관과 조화를 이룬다면, 축대를 쌓는 나의 시도가 그런대로 용서받을 만하다고 생각했다.

넓은 마당을 갖고 싶었던 몇 가지 이유가 있었다. 한때 동네 야구 투수였던지라 마당에서 가끔은 공을 던지고 싶었다. 그러기 위해서는 일정한 길이의 평지가 필요했다. 야구보다 더 중요한 이유는 축대에 의해 들려진 마당이 갖게 되는 '독립된 고유성'을 원했기 때문이다. 들려올려진 마당은 자연히 주변의 다른 영역과 높이에 의해 구별되는 세계를 갖게 된다. 그리하여 그 마당은 자연의 연속으로 이해되기보다는 '새로운 공간'으로서의 성격을 갖는다.

　　기준면에서 상승된 지점은 넓은 공간 속에서 또 하나의 공간을 창조
한다. 상승면의 모서리를 따라 생기는 높이의 변화는 표면을 가로지르
는 공간의 흐름을 방해하고 그 범위를 한정한다. 만일 기준면이 계속
상승해서 주변을 가로질러 위치하게 된다면 상승된 기준면은 공간에
서 매우 중요한 부분이 될 것이다.

　　　　　　　　　— 『건축의 형태공간·규범』, 프란시스 칭 저, 황희준 외 공역, 국제, 2016.

축대와 담

축대를 어떻게 만들어야 할지 고안하기 시작했다. 설계의 첫 단계는 주택을 설계하는 것이 아니라 '새로운 지형을 조직하는 것'이었고 그 중의 하나가 축대를 설계하는 일이었다. 축대는 대지의 경계로서 영역을 만드는 장치이자, 집의 담장이자 수직벽면으로서 집의 인상을 결정 짓는 중요한 입면이다.

콘크리트 벽이 가장 안전한 구조방식이라는 구조기술사의 판단이 있었다. 콘크리트 면은 다른 마감 없이 노출하기로 했다. 거친 표면이 주변 자연과 잘 어울릴 것 같았다. 결이 살아 있는 목재를 성형틀로 사용하여, 콘크리트 면에 목재의 질감이 배어나오도록 했다.

콘크리트 면을 가능한 한 분절하기로 했다. 지형과 풍경, 도로의 스케일을 고려하여 적당한 크기로 수직과 수평을 따라 나누었다. 이러한 노력의 결과로 축대는 부담감이 적은 크기와 무게감을 갖게 되었다. 한편 분절된 벽 사이에 마련한 공간에 화단을 두어 조경을 했다. 시간이 지나면 벽의 상당 부분은 식물로 가려질 것이다.

콘크리트 벽을 세우고 흙으로 채운 다음에 평평한 땅이 만들어졌다.

북쪽은 기존의 대지와 이어져 있지만, 남쪽으로는 높이 들려 있는 대지가 되었다. 운봉을 너머 남한강 쪽을 향해 나아가는 배의 갑판 같았다. 소운의 대지는 어느 시점부터는 땅의 바다 위에 올라서서 떠서 항해하는 배가 되었다. 갑판 위에는 이제 집이 들어설 것이다.

갑판 위에 난간이 있듯이 소운의 집 둘레로는 담장이 있다. 담장은 집의 첫 인상이고 표정이다. 담장은 축대와 더불어 집의 경계를 만들어주고, 험한 자연으로부터 집을 보호한다.

담장은 집의 둘레뿐 아니라 그 내부에도 배치되어 있다. 내부의 낮은 담장은 공간의 영역을 구별하는 역할을 한다. 뒷마당과 진입마당은 담장에 의해 영역이 확정된다. 콘크리트 담장, 목재 담장, 철제 펜스 등 공간의 성격에 따라 서로 다른 재료와 높이의 담장이 고안되고 배치되었다.

담장은 건축의 부수적인 장치가 아니라 필수적인 '건축'이다. 거주하는 이에게 평화와 안정을 선사하는 고마운 존재이다. 집과 정원이 잘 어우러진 담양 소쇄원의 영역도 담에 의해 정리된다. 김인후의 소쇄원 48영 중 마지막 노래는 바로 담장에 대한 노래이다.

긴 담이 백척이나 가로뻗어
하나하나가 모두 고운 싯귀인데
마치 병풍을 두른 듯하니
비바람이 몰아쳐도 든든하네

집으로 들어가는 과정

건축은 공간적 형식인 동시에 시간적 형식이다. 부석사 무량수전에서 바라보는 소백산의 풍경이 장관이지만, 역시 부석사는 무량수전을 향해 오르는 과정이 백미이다. 마곡사의 대웅전을 바라보는 것보다, 마곡사 입구에서 대웅전으로 향해 돌아 들어가는 과정이 더 매력적이다. 건축은 경험의 과정을 조직하는 일이고, 새로운 시간을 창조하는 작업이다. 건축물에 다가가는 시간을 조직하는 일은 가장 중요한 건축적 주제이다.

'소운'을 향해 다가가는 과정을 어떻게 엮는가는 집 내부를 설계하는 것만큼이나 중요한 일이었다. 접근의 시작은 마을 어귀를 돌아 들어와, 멀리 소운이 바라보이는 지점부터이다.

처음에는 숲과 축대, 그리고 그 위로 머리를 내민 2층 서재가 보인다. 1층 부분은 축대에 가려서 처마 윗부분만 간신히 보인다. 좁은 길이 몇 번 휘어지면서 '소운'은 여러 각도로 조망된다. 다양한 각도로 집을 보는 과정을 통해 대상이 갖고 있는 입체적 형태와 지형의 특성을 충분히 인식하게 한다.

보다 가까이 가면 몇 개의 덩어리로 분절된 콘크리트 담을 만난다. 담장과 길 경계에 자갈로 채워진 물길이 있다. 담과 길 사이로 길게 놓은 자갈 물길 덕에 길은 길로서, 벽은 벽으로서 고유성을 얻는다. 담을 모두 지나, 소운의 대지를 지나친다고 느낄 무렵에 주차장을 만난다. 차에서 내리면, 집을 향한 새로운 경험이 시작된다. 이제부터는 걸어서 집으로 들어가는 과정이다. 짧지만 밀도 있는 이 과정은, 여러 번의 수정을 거쳐 최종적으로 확립된 것이다.

자갈이 깔린 주차장은 집과 바로 붙어 있지 않고 저만치 떨어져 있다. 주차장과 집 사이에는 나무들이 밀식되어 있다. 나무를 심어 뒷산의 숲을 연속되게 하고 싶어서였다. 이 인공적인 숲의 기능은 단절을 만드는 것이다. 집과 다른 세계 사이의 불연속적인 단절을 만들어, 집을 독립된 우주로 만드는 역할을 한다.

소쇄원 입구에서 광풍각으로 가는 길, 그 길에 대나무 숲길을 지난다. 빽빽한 대나무 숲은 길에 짙은 그늘을 내린다. 대나무 숲 캄캄한 어둠 사이로 세로로 언뜻 보이는 빛은 마치 바늘 같다. 바람에 따라 흔들리는 대숲의 소리를 들으며 걸어가는 시간, 일상의 시간을 망각하고 소쇄원의 세계로 발을 들여 놓은 것이다.

불연속, 단절은 작은 우주를 독립된 공간으로 만드는 데 필수적이다. 공간적 불연속은 때론 불편함을 만든다. 주차장과 집이 떨어져 있는 만큼 불편함이 크다. 무거운 짐이 있을 때, 조경공사를 할 때, 비가 많이 내릴 때 불편을 느꼈다. 하지만 그 불편이 없다면 독립된 소우주가 될 수 없었을 것이다.

주차장에서 집으로 향하는 길은 이팝나무 아래로 나 있다. 경사를 따라 내려가는 길은 거칠게 다듬어진 돌을 박아 계단으로 만들었다. 길은 몇 번 꺾이며 과정의 마디를 만든다. 직각으로 꺾어가는 몇 번의 움직임은 불연속의 경험을 강화하기 위해 고안되었다. 이런 시간의 간격을 지나면 드디어 낮은 대문이 나타난다. 새로운 세계로 들어가는 문이다.

거주한다는 것은 내면으로의 전향, 곧 자신에게로 되돌아옴이며, 피난처와 같은 자신 속으로의 은둔이다. 여기에는 환대가 있고, 기대가 있고, 인간적인 영접이 있다.

— 에마뉘엘 레비나스, 『타인의 얼굴』, 강영안 저, 문학과지성사, 2005.

집으로 간다는 것은 무엇인가. 나에게로 되돌아가는 것이다. 사회적인 자아에서 본래의 나, 내 자신으로 되돌아가는 것이다. 집으로 되돌아가는 길, 집이 나를 환영해주기를 소망했다.

대문 너머로 좁고 길게 뻗은 정원이 보인다. 잔디가 깔린 길쭉한 마당에 거친 네모난 돌이 징검다리처럼 박혀 있다. 돌을 따라 밟아가면 현관이 나올 것이다. 주택 벽면에 돌출된 처마들이 어서 오시라고 환영한다. 처마의 기능 중 하나는 환영의 제스처이다. 반가운 친구를 만날 때 절로 손이 앞으로 나오듯, 나를 환영하는 집은 처마를 손처럼 내밀어 환영한다. 처마는 반가운 인사이다. 환영의 표현이다. '환영합니다. 이 집에 오신 것을 환영합니다.'

대문을 연다. 대문을 열고 들어가면 환영을 위한 공간의 음악이 새롭게 시작된다.

리듬과 비례, 그리고 조화로 구성된 추상예술인 건축과 음악은 문화적으로 같은 뿌리에서 비롯되었다.

– 찰스 젠크스, 『Architecture Becomes Music』, the Architectural Review,

May, 2013.

잔디 위에 점점이 박힌 돌들이 길을 만든다. 징검다리처럼 놓인 돌을 밟고 들어가는 길, 그 길을 따라 수선화, 돌단풍 등 낮은 초화류 등이 담장을 따라 심어져 있다.

경험의 궤적 위로 담장과 목재벽 같은 건축적인 장치, 계단과 징검다리 돌과 같은 조경 장치, 나무와 풀들… 이런 요소들이 서로 겹쳐지고, 멀어지면서 작은 음악을 이룬다. 담장이 계속 깔리는 바탕음이라면, 담장 위로 자라난 자작나무가 첼로의 선율을, 이팝나무가 베이스의 선율을 연주한다. 수선화와 돌단풍이 잠깐씩 나타나는 피콜로와 오보에의 멜로디라면, 계단과 바닥 징검다리 돌은 공간에 리듬을 부여하는 타악기이다.

이런 음악적 구성은 진입부에서뿐 아니라 실내 공간과 외부 공간에도 만들어져 있다. 어떤 공간은 지극히 단조로운 음악적 구성을 하고, 어떤 공간은 크고 풍부한 울림을 갖는 구성을 한다. 그런데 그 어떤 장소도 진입의 공간만큼 음악적 선율을 완전한 형태로 갖기 어렵다. 그 이유는 진입의 과정이 갖는 시간이 가장 길고, 그 시간 동안 풀어내야 할 공간적 주제가 다양하기 때문이다. 환영의 인사는 밝고 환하고 풍성하다.

방문자를 따스하게 맞이하는 분위기는 집이 준비해야 할 가장 중요한 공간적 의례이다.

환영의 음악은 현관에서 마지막 소절을 연주한다. 이리로 오라고 손
짓하는 듯, 현관의 캐노피가 길게 뻗어 나와 길을 안내한다. 현관으로
들어간다. 문이 열린다. 진입의 공간이 마무리됨과 동시에 하나의 음
악이 끝나고, 새로운 음악이 시작된다. 새로운 우주가 열린다.

'집'이라는 우주를 조직하다

내게 집은 방이나 물건의 아름다움보다는 내 머릿속에 있는 세계의
중심이기 때문에 중요하다.

－『이스탄불』, 오르한 파묵 저, 이난아 역, 민음사, 2008.

집 안에 들어서면, 비로소 집은 우주의 중심이 된다. 내 몸을 중심으
로 동심원이 펼쳐진다. 우주 밖에 우주, 그 밖에 또 우주가 있다. 우주
에 대한 원초적인 도형은 중세의 그림을 닮았을 것이다. 세계를 표현
한 그림에서는 우주와 우주의 경계는 원주의 둘레로 표현된다. 우주의
경계는 내부와 외부를 규정하는 틀을 만들어준다. 이 경계가 없다면
우리는 우주를 인식할 수 없다. 혼돈에 질서를 부여하는 것, 그것이 우
주의 조직과 질서이다.

소운이 여러 개의 동심원으로 구성된 작은 우주라면, 그 첫 번째 단
계는 개별 공간이다. 방과 마루, 서재와 마당, 툇마루, 방, 다락, 그리
고 여러 개의 구별된 영역이 독립적으로 있으며 각각 하나의 단위를
가진 우주가 된다. 나름의 체계와 관계를 지닌 작은 세계이다.

두 번째 단계는 주택의 내부 공간이다. 벽과 지붕에 둘러싸인 내부 공간은 여러 개의 단위 공간들이 모인 작은 우주이다. 경계면이 가장 단단한 우주이다.

세 번째 단계는 내부 공간을 둘러싼 마당이다. 담장과 식재로 울타리 지어진 마당이 소우주의 영역을 확장한다. 마당은 집과 집 바깥 사이에서 놓이며 완충 지대를 형성한다.

네 번째 단계의 우주는 '집에서 인식되는' 주변 공간이다. 운봉과 마감산, 부평천에서 섬강을 지나 남한강으로 이어지는 주변 지형이 소운을 둘러싼 마지막 경계가 된다.

그리고 가장 작은 우주에서 가장 넓은 우주는 문과 창, 길과 도로, 때론 나무와 나무 사이, 봉우리와 봉우리 사이와 같은, '열린 공간'을 통해 서로 관계를 맺는다. 소우주와 소우주의 만남이다.

그 중심으로부터는 바람이 방사되고, 갈매기들이 창문을 통해 날아든다. 그토록 역동적인 집은 시인으로 하여금 우주에 살게 한다. 아니면, 다른 방식으로 말하여, 우주가 시인의 집에 와서 사는 것이다.

– 『공간의 시학』, 가스통 바슐라르 저, 곽광수 역, 동문선, 2003.

다양한 공간 장치를 통해 단순한 구성의 동심원은 복잡한 도형으로

변환된다. 내부가 외부로 나아가고 외부가 내부로 들어오면서 서로 다른 동심원에 속해 있던 영역은 뒤엉킨다. 거실에서 창을 통해 멀리 산을 보고, 뒷마당에서 툇마루를 거쳐 현관과 앞마당에 이르는 공간이 하나가 된다. 우주의 경계가 변하고 관계가 새롭게 형성되면서 우주는 도형이 아니라 진정한 삶의 바탕이 된다. 이 복잡한 관계를 설명하기 위해서는 배치도와 평면, 그리고 단면이라는 건축적인 도구가 필요하다.

집을 앉히다

조성된 대지에 집을 어떻게 앉히는가, 대지를 선정하는 것 다음으로 중요한 행위이다.

배치란 우선 주변의 지형과 어떻게 관계를 맺을지를 정하는 일이다. 동서남북 집의 모든 방향에 대한 어떤 입장을 가진다는 뜻이다. 또한 어디를 바라볼 것인지, 집의 정면을 어디로 둘 것인지를 정하는 일이다.

또한 배치란 집의 크기와 대강의 형상을 정하는 일이기도 하다. 공간의 규모와 건물의 모습을 예측하지 않고는 배치를 시작할 수 없다.

소운을 설계하면서 배치를 정하는 일이 가장 어려웠다. 대지의 형상과 지형이 제법 복잡하여 짚어야 할 것이 많았다. 더구나 건축주인 나 자신이 어떤 공간을 원하는지 몰라서 때론 몹시 흔들렸기 때문에, '건축가인 나'는 더욱 흔들릴 수밖에 없었다. 막힐 때마다 여주 강천의 대지를 방문하여 주변 경사를 살피고, 대지에서 보이는 풍경을 감상하곤 했다. 건축가에게 집을 배치하는 과제는 주어진 여러 대안 중 하나를 선택하여 '결정'하는 행위가 아니라, 무에서 유를 만들기로 '결단'하는 행위이다. 텅 빈 도면 위에 몇 개의 선으로 기준이 되는 좌표를 그리면서 배치도는 만들어지기 시작했다.

좌표를 정하다

소운의 대지는 물길과 산자락에 의해 만들어져 있다. 지형에 변화가 많아 경사도 급하고 대지의 윤곽도 비정형적이다. 그 불규칙한 공간을 좌표의 체계로 정리해나갔다. 소운을 설계하면서 직교좌표를 택했다. 직교좌표를 선사한 원천은 수평면에 지각방향의 힘을 작용하는 중력이다. 중력이 존재하는 한 직교좌표는 가장 편리한 수단이 될 수밖에 없다. '유원'과 같은 중국의 정원 건축에도 직교좌표의 흔적이 보이는데, 우리 정원 건축의 대표격인 '소쇄원'도 예외는 아니다. 1755년경에 만들어졌다는 소쇄원의 목판화를 살펴보면 직교의 질서가 전체의 공간을 조직하고 있음을 알 수 있다. 담과 석축, 화계 등 여러 겹의 건축적 장치로 직교좌표의 틀을 구성하고, 그러한 틀을 바탕으로 자연을 담아내고 있다.

소운의 담장을 세우고 집의 경계를 만들면서 직교의 체계가 개입되었다. 대지의 형상은 새로 투영된 좌표의 기준선을 바탕으로 만들어졌다. 축대와 담장뿐 아니라 조경의 바탕 라인도 직교좌표를 따르고 있고 건물 역시 직교좌표를 갖고 있기에, 내·외부 공간조직은 뚜렷한 질

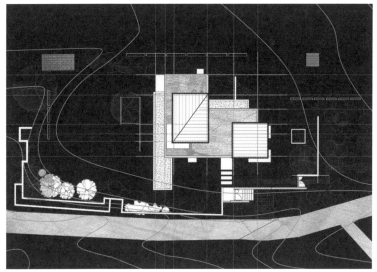

소운의 좌표.

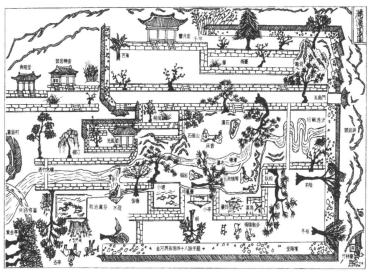

소쇄원도(목판화).

서를 갖고 동시에 형태적인 통일성을 성취한다.

 대지를 구성하면서 직교좌표를 따르지 않은 곳은 북서쪽 숲과 경계를 이룬 선이다. 숲이 지닌 지형을 최대한 존중하고 싶었다. 숲이 만든 자연의 형상은 어떤 좌표로도 환원되지 않는다. 자유 곡선으로 이루어진 숲과 집의 경계는 경계라고 부르기 어려울 정도로 자연스럽다. 평지로 조성된 대지가 경사진 숲을 만나는 선을 따라 막돌을 넣은 도랑을 만들었다. 숲에 내재한 무질서한 자연은 도랑을 경계로 직교좌표의 세계와 마주하면서 분명한 대비를 이룬다.

 처음 집이 완성되었을 때 그 숲과 대지 사이에 경계가 뚜렷하게 보였다. 시간이 흐를수록 숲의 식물들은 도랑을 넘어 대지를 침범해왔다. 한여름이면 도랑을 넘어 뒷마당을 점령했다가, 겨울이면 숲으로 퇴각했다. 건축과 자연, 그들이 땅 위에 그려내는 경계는 끊임없이 변해갔다.

건물의 방향을 보다

건물의 방향을 정하는 것은 설계의 전 과정에서 매우 중요한 단계이다. 소운의 방향을 정할 때에도 향과 관련된 여러 요소가 고려되었다. 풍경과 지형, 도로와의 관계, 북서풍을 피하는 조건, 햇볕을 잘 들이는 위치 등이 집의 향을 정하는 데 중요한 관점으로 작용했다. 가장 중요하게 고려한 것은 햇볕과 전망이다.

소운의 대지가 불규칙한 형상을 지니고 있으므로, 대지의 조건에 대응하다보면 집의 윤곽도 복잡해질 수밖에 없었다. 고민 끝에 ㄴ자 형태로 평면을 만들어 남동과 남서를 동시에 향할 수 있는 방식으로 집을 배치했다. 두 방향을 모두 선택하게 되면, 집 대부분의 공간이 북쪽의 추위와 바람에 비껴 있으면서도 남쪽의 햇빛은 고루 받으리라 생각했다.

남동과 남서 중에서 보다 더 중요한 향을 정하여 전체 공간을 조직할 필요가 있었다. 남서 방향이 환하게 열려 있고, 멀리 아름다운 산봉우리가 보였기 때문에 남서쪽을 더 중요한 방향으로 설정했다. 주향을 따라 너른 마당을 배치하고, 남동쪽 진입마당을 따라 폭 4미터의 길쭉한 마당을 두었다.

한편 북서쪽에는 마사토가 깔린 사각형의 마당을 두었다. 한쪽에 마련한 텃밭은 해가 잘 들도록 건물과 충분한 거리를 확보했다.

소운의 배치는 지형의 조건뿐 아니라 경관의 구조와 반응하며 만들어졌다. 대문을 들어오면서 탁 트인 풍경이 보이고, 대문을 나설 때에는 봉우리들이 아름답게 보인다. 현관에서는 삿갓봉의 줄기가 보이는데, 듬직한 능선이 포근한 느낌으로 감싸주는 것이 좋았다.

남동에 있는 산은 가깝게 있고 남서쪽의 운봉은 멀리 자리잡고 있어 풍경은 남서 방향으로 열리면서 깊게 전개되었다. 남동쪽 삿갓봉 너머로는 섬강이, 남서쪽 운봉 너머로는 남한강이 흐르고 있을 터이다. 그리고 승지봉, 성주봉, 삿갓봉과 운봉이 만들어낸 작은 우주로 흘러든 물은 부평천을 타고 섬강으로 흘러간다. 섬강은 남한강을 만나고 남한강은 한강을 만나고 한강은 바다를 만날 것이다. 모든 물길은 작은 우주에서 넓은 우주로 '향한다'.

공간의 포석: 실, 내외의 영역을 나누기

서재와 손님 공간을 두 채의 건물로 나누어 짓고 싶었다. 손님을 위한 공간을 별채로 두는 것이 그 공간이 독립적으로 사용되어야 하는 조건을 확실히 만족시켜주기 때문이다. 두 채가 독립적으로 운영이 되기 위해서는 아무래도 번거로운 일이 많을 것 같아 망설이게 되었다. 고민 끝에 하나의 건물 안에 두 영역을 배치하는 것으로 정했다. 공사비, 유지관리의 측면에서 편리할 뿐 아니라, 더 풍요로운 내부 공간을 누릴 수 있기 때문이다. 한 지붕 아래에 두 영역을 함께 두었지만, 손님방은 경사진 지붕 아래에 두어 그만을 위한 독특한 공간을 마련했다.

이처럼 우리가 집을 마련할 때에는 우선 지붕이라는 우산을 펴서 대지에 그늘을 만들어, 그 어두운 그림자 안에 집을 짓는다.
　　　　　－『음예예찬』, 다니자키 준이치로 저, 송지은 역, 태림문화사, 1996.

두 영역을 한 채의 공간 안에 만들되, 두 영역이 가능한 한 서로 멀리 떨어져 있기를 바랐다. 거리를 확보하기 위해서 두 영역 사이에 공

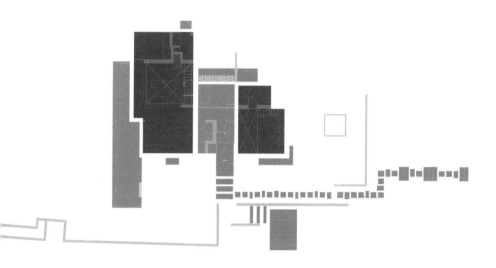

간의 두께를 만들었다. 그 '사이 공간'에는 현관과 화장실 그리고 마루가 배치되었다. 서재와 손님 공간은 3.6미터 거리의 시공간으로 분리되었다.

각각의 내부 공간은 고유한 마당을 갖는다. 마당과 내부 공간은 서로에게 의지한다. 테라스와 부엌, 식당 거실로 이어지는 서재는 넓은 마당을 바라본다. 작업 공간에 붙은 침실은 낮은 창으로 뒷마당을 바라본다. 서재는 2층에서 남쪽 원경을 누린다. 한편 손님방은 북동과 남동, 두 방향의 풍경을 누린다. 욕실이 붙어 있는 마루에서는 커다란 창으로 뒷산 숲을 바라볼 수 있다.

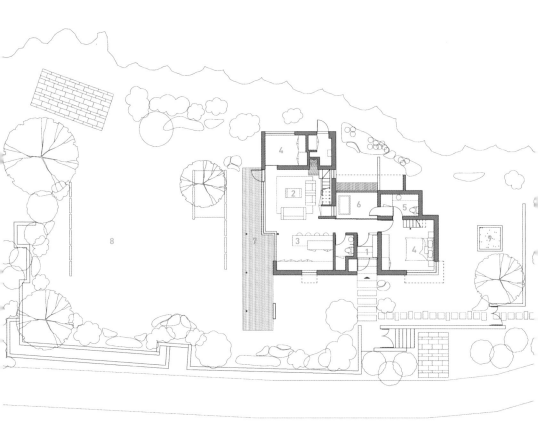

　이처럼 각각의 영역은 서로 누리는 전망도 바라보는 방향도 각기 다
르다. 영역의 고유성은 그 공간이 관계 맺고 있는 마당의 성격과 그 공
간에서 바라보는 풍경에서 결정된다.

　작은 침실, 거실을 거쳐 테라스에 이르는 조직은 전형적인 사랑채의
모습과 닮아 있다. 한옥의 사랑채는 여러 형태가 있지만 대개는 거실
에 해당하는 사랑, 테라스에 해당하는 누마루, 그리고 작은 침실로 구
성되었다. 한옥의 사랑채와 소운이 기능적 구성에 있어서는 닮은 점이

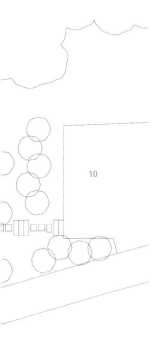

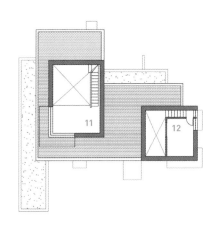

10

11

12

1층 평면도

1 입구
2 거실
3 부엌
4 침실
5 화장실

6 마루
7 테라스
8 정원
9 텃밭
10 주차장

2층 평면도

11 서재
12 다락

있지만 다른 점도 있다. 우선은 공간의 입체성이다. 계단으로 거실과 이어진 서재는 부엌과 식탁 위인 2층에 마련되어 있다. 2층 높이의 거실은 전체 공간의 구심점이 된다. 또 하나의 특징은 부엌과 식당의 존재방식이다. 부엌과 식당은 별도의 구별된 공간이 아니라 거실의 일부이다. 거실 안으로 들어온 부엌과 식당, 그곳에서 음식을 함께 준비하고 그것을 나누는 기쁨, 우리 시대의 평면이 선사하는 혜택이다.

평면의 실루엣, 또는 집의 윤곽

대지 위에 평면이 놓이면서 공간은 구체적인 형태를 갖는다. 우선 주목하게 되는 것은 대지 위로 평면이 만들어내는 집의 실루엣이다. 집의 윤곽은 단 하나의 폐곡선으로만 구성되지 않는다. 집의 윤곽을 형성하는 다양한 요소가 있기에 폐곡선의 도형은 여러 가지 형태를 갖는다.

처마와 툇마루 같은 내부화된 외부 공간, 거실이나 마루와 같은 외부화된 내부 공간이 폐곡선의 도형을 변화시킨다. 새롭게 집의 윤곽을 만드는 힘은 그 공간을 향유하는 주체로부터 나온다. 주체가 공간을 느끼는 방식에 의해 공간의 윤곽은 그때그때 다르게 정의된다.

의도적으로 계획된 소운의 다층적 윤곽은 거주하는 이에게 공간을 풍요롭게 경험하는 시간을 선사한다. 처마와 툇마루 테라스가 만들어낸 윤곽이 내부와 외부의 경계를 두텁게 만든다. 공간을 이용하는 방식에 따라 경계면의 깊이가 변화한다.

우리가 만든 물건, 거주하는 장소, 주어진 세계 사이에 경계를 설정

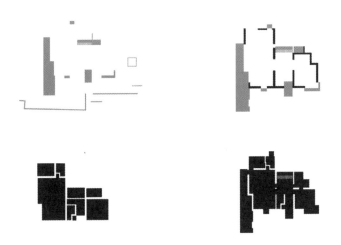

함으로써 세계의 기본적인 틀을 구성한다. 이렇게 우리와 우리 아닌 것 사이를 유형학적으로 구분함으로써, 우리는 물질세계를 구성할 뿐 아니라 이 세계에 대해서 생각하고 이 세계를 재현한다. 경계가 있어 우리는 보호되고 거주지에 위치한다. 경계로 인해 세계와 우리는 의미를 갖는다.

- 『공간의 유형학』, 린다 H. 쉬니클로스 저, 한필원 역, 나남, 2012.

창은 대체로 벽두께만큼의 깊이를 갖지만, 처마가 붙으면서 경계는 그 두께만큼 더 두툼해진다. 처마가 만든 공간의 두께는 다양한 기능을 수행한다. 처마의 본래 기능은 햇빛을 적절히 차단하는 것이다. 또 하나 처마의 중요한 기능은 비가 들이치지 않게 하는 것이다. 처마 아래의 유리창은 깨끗하게 유지된다. 처마는 환경을 조절하고, 심리적인 완충 공간을 만든다.

테라스는 처마보다 더 적극적인 기능을 갖는다. 지붕과 바닥을 가진 공간으로 외부에 있는 방, 내부화된 외부이다. 날씨가 좋은 날이면 테라스에서 탁자에 둘러앉아 정원을 바라보며 식사를 하고, 비 오는 날에는 빗소리를 들으며 따뜻한 차를 마신다. 테라스의 지붕을 지지하는 기둥은 사진 액자처럼 풍경의 틀을 만든다. 꽃과 나무, 그리고 멀리 산과 구름이 담긴 풍경화가 만들어진다.

툇마루는 마루의 연장으로 설정되었다. 외부 공간이지만 마루에서 이어진 '확장된 내부'이다. 이곳은 뒷마당과 숲의 경관을 누리는 곳이다. 처마와 툇마루는 하나의 공간적인 세트로 설정되어 욕실을 겸한 마루와 마당 사이에 경계의 깊이를 만든다. 욕조에서 목욕을 할 때 왠지 아늑한 느낌을 갖게 되는 것은 툇마루와 처마가 만들어내는 공간의 두께 때문이다.

외부에 놓인 공간이 내부처럼 작동하기도 하지만 내부 공간이 때론 외부처럼 작동될 때가 있다. 방에서 나와 거실로 향할 때, 내부에서 외부로 나가는 느낌이 든다. 비가 매우 많이 내리는 날, 몹시 춥거나 더운 날, 외부 공간을 사용하기 어려울 때, 거실은 마당이 된다. 거실과 마루가 외부가 되는 순간, 평면의 윤곽, 즉 내부와 외부의 경계는 가장 극적으로 변한다. 가장 마지막까지 내부로 남아 있는 장소는 '방'이다. 방은 집의 근원적 형식이다.

주차장에서 이팝나무길을 지나 입구를 보다.

구별되는 공간 : 서로 다른 평면과 단면

공간의 성격을 잘 표현해주는 것은 평면과 단면의 형상이다. 소운에는 서로 다른 평면과 단면을 가진 구별된 열한 개의 작은 공간이 존재한다. 두 층 높이의 거실로부터 낮은 천장의 다락에 이르기까지, 각각은 고유한 공간적 특징을 갖는다. 각각의 공간은 독립되어 있지만, 개별공간들이 이어지고 엮이면서 다양한 공간경험으로 다시 태어난다. 거주자의 사용방식에 따라 그 경험은 무수한 조합의 가능성으로 열려 있다. 다음은 열한 개 개별 공간 중, 일곱 공간에 대한 이야기이다.

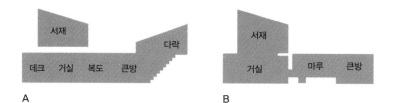

A   B

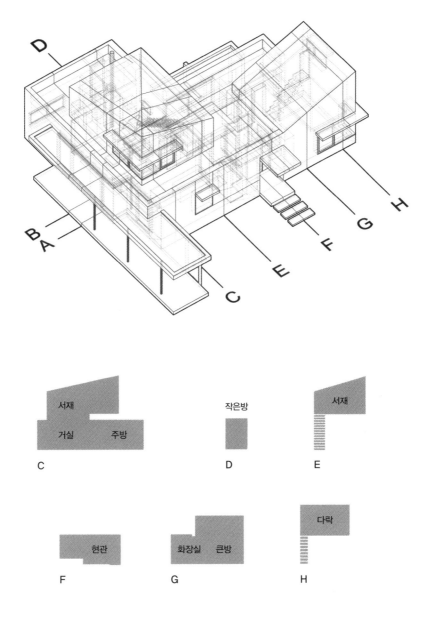

C
서재
거실   주방

D
작은방

E
서재

F
현관

G
화장실 큰방

H
다락

거실.

구별된 내부 공간 1. 거실, 함께 머무는 공간

거실은 개별 공간들이 모여드는 곳이다. 그 공간은 개별 행위가 하나로 모여드는 곳이기도 하고, 행위의 주체인 각각의 사람들이 모여드는 곳이기도 하다. 따라서 그 공간은 통합의 공간이자 공동의 공간이다. 집을 구성하는 여러 요소들이 한데 모이는 '공동체'의 공간이 바로 거실이다. 공동체의 공간은 열려 있기 마련이다. 거실은 '집'이라는 작은 도시의 광장이다.

'소운'의 거실은 수직적으로 두 층 높이로 트여 있다. 수평적으로는 집의 거의 모든 공간에 열려 있다. 거실과 그 주위 공간은 높이의 대비로 인해, 높은 공간은 더 높게 느껴지고 낮은 공간은 더 낮게 느껴진다. 거실의 높은 공간은 서재와 이어지고 거실의 낮은 공간은 침실, 그리고 부엌과 식당, 테라스로 이어진다. 어떻게 보면 1층의 공간이 거실로 모여든다고 설명하는 것이 더 적절하다고 하겠다.

거실은 내부가 모이는 곳, 방들의 외부이다. 내부이자 외부인 만큼 거실에는 주택 외벽 재료가 사용되었다. 목재와 콘크리트가 흰 벽과 함께 거실을 규정한다.

환하게 열린 창문과 쏟아지는 빛은, 거실은 내부의 외부 공간이라는 것을 말해준다. 아무리 추운 겨울일지라도 햇살이 구석구석 비치기에 내부는 밝고 따뜻하다. 빛은 그 안에 따스한 온도를 담아오기 때문이다.

거실은 마당과 대화하는 공간이다. 비어진 거실 공간은 창밖으로 보이는 풍경들에 의해 충만해진다. 풍경은 아침에서 밤까지, 봄에서 겨울까지 쉬지 않고 매순간 새로운 변화를 보여준다. 소박한 거실에서 풍경을 둘러보는 기쁨이 있다. 그 마음은 송순의 시와 닮았다.

십년을 경영하여 초려 한 간 지어내니
나 한 간, 달 한 간, 바람에 한 간을 맡겨두고
강산은 들일 데 없으니 둘러두고 보리라

거실이 선사하는 진정한 기쁨은 누군가와 '함께하는 시간'이다. 가까운 이들과 함께 어울리며 음식을 나누는 시간, 환하게 열린 거실의 공간이 인정으로 가득할 때, 거실은 비로소 진정한 내부의 광장이 된다.

식당에서 거실을 보다.

구별된 내부 공간 2. 서재, 세계를 확장하는 공간

집을 짓는 이유는 독서와 작업을 위한 공간을 마련하고 싶어서였다. 당연히 서재의 위치가 중요했다. 서재는 전체 공간의 끝에 두고 싶었다. 지나가는 움직임이 없어 방해받지 않은 곳, 막다른 길의 종점이고 싶었다. 이러한 전제는 필연적으로 서재를 가장 높은 곳에 자리잡게 했다.

마루와 거실을 지나 계단을 올라 다다르는 곳, 그곳은 내부 공간의 종착점이다. 동시에 열려진 외부와 만나는 최전선이기도 하다. '열려진 외부'는 밖으로 보이는 풍경뿐 아니라 책상 위에 놓인 도면, 서가에 꽂힌 책을 포함한다. 서재는 내가 나아가야 할, 그리고 대면해야 할 최전선frontline이다.

서재로 가는 길은 의도적으로 몇 단계로 구분되어 짜여 있다. 수직과 수평의 움직임이 결합된 과정이다. 오른다는 행위 자체가 중요하다. '서재'라는 다른 세계로 이행하는 시간이기 때문이다. 작은 움직임이지만 여러 단계의 의도적 움직임이 개입되기에, 서재는 목적의 공간이 된다. 계단에 마련된 서가는 오름의 의미를 강화한다.

오를 때마다 바라보게 되는 서가의 책들은 독서의 기억을 떠올리게 하고, 앞으로 만나게 될 새로운 세계를 기대하게 한다. 서재에 도달하면 서재로 오기 위해 지나왔던 과정의 공간이 환하게 내려다 보인다. 거실과 작은방, 계단과 서가와 벽난로는 서재에 이르러 하나의 연결된 관계로 조감된다. 조감되는 곳이라면, 그곳에서 날개를 펼칠 수 있다.

서재는 이 집의 가장 높은 곳에 있다. 이곳에서 앉았을 때 가장 멀리 볼 수 있고 가장 깊이 볼 수 있다. 서재는 공간의 끝이지만, 닫힌 공간은 아니다. 책을 통해 지식의 세계로 이어지고, 도면을 통해 미래의 공간으로 이어진다. 서재는 창을 통해 멀리 산봉우리가 보이는 곳까지 확장된다. 마당을 지나 동네를 너머, 저 산봉우리를 향해 서재의 공간은 멀리까지 확장된다. 넓게 열린 풍경으로부터 다시 여기 1.8미터 책상으로 돌아와서 시간을 보낸다. 이곳에서 책과 도면을 마주하면서 그 속에 펼쳐진 깊은 공간, 더 새로운 세계로 여행을 시작한다.

소운의 서재에서.

작은 방.

구별된 내부 공간 3. 작은 방, 잠자는 공간

거실에 붙어 있는 작은 방은 말 그대로 두 평도 안 되는 '작은 방'이지만, 소운의 모든 공간 중에서 가장 중요한 공간이다. 잠을 자는 곳이기 때문이다. 집에 잠을 잘 수 있는 방이 없다면, 그렇다면 그 집은 집이라 할 수 없다. 집은 잠을 자는 장소이다.

잠잔다는 것, 그것은 심적이고, 물리적인 활동을 중지하는 것이다. 그러나 허공을 떠도는 추상적인 존재에게는 이 중지의 본질적인 조건이 결여되어 있다. 그 조건이란 장소이다. 잠의 유혹은 자리에 눕는 행위 속에서 밀려든다. 자리에 눕는 것, 그것은 바로 존재를 장소에, 자리에 제한하는 일이다.

– 『존재에서 존재자로』, 에마뉘엘 레비나스·저, 서동욱 역, 민음사, 2003.

몸과 마음의 활동을 중단하는 행위, 무위를 위한 공간이 소운의 작은 방이다. 무위의 공간에는 아무런 가구도, 장식도 없다. 대신 붙박이장을 만들었다. 그 안에 옷이며, 이불이며 잡동사니를 다 넣어두어, 작은 방은 오직 하얗게 비워진 공간으로 남겨두었다. 텅 빈 그곳에서 나는 평화로운 잠을 자고 싶었다.

잠을 자는 곳이지만 잠만 자는 곳은 아니다. 잠을 자기 전 누워서 책을 읽고, 자고 일어나 새소리를 듣는다. 새벽에 일어나 한지 창호로 은은히 들어오는 하얀 빛을 만날 때면, 깊은 곳에서 간절한 기도의 목소리가 들리는 것 같다.

작은 방은 순수하게 비워진 공간이지만 단절되고 고립된 공간은 아니다. 미닫이문을 열면 아무런 장애물 없이 거실과 이어진다. 한지 창문을 열면 뒷마당과 숲이 보인다. 창문은 앉았을 때의 높이를 고려하여 낮게 붙어 있다. 벽에 기대 미닫이문을 열면 나지막한 풍경이 잡힌다. 팔월이 되면, 목수국 하얀 꽃이 창문을 가득 채운다.

구별된 내부 공간 4. 부엌과 식탁, 함께 나누는 공간

소운에서 부엌과 식당은 구별된 공간이 아니라 거실의 한 부분이다. 부엌은 싱크대와 냉장고라는 특별한 장치가, 식당에는 식탁이라는 기능적인 가구가 있기에 소운의 다른 장소와 구별하여 부엌과 식당을 정의할 수 있다. 그렇지만 소운의 부엌과 식당은 어디까지나 거실을 구성하는 요소이다. 거실의 부분집합일 뿐이다. 침실에 옷장과 침대가 있듯이 거실의 공간에 싱크대와 식탁이 놓인 것이다. 식당과 부엌, 그리고 거실에는 분명한 공간적 경계는 없지만, 5미터 높이의 거실과 2.4미터 높이의 식당과 부엌은 공간감에 의해 영역이 구별된다.

거실 공간 안에 부엌이 포함될 수 있게 된 것은 주택이 진화한 결과이다. 부엌의 아궁이가 요리와 난방을 겸했던 과거의 주택에서는 부엌 공간이 거주 공간에 분리되어 별도로 있는 경우가 많았다. 현대주택에서 난방을 위한 공간이 보일러실이라는 이름으로 독립되면서 부엌은 식사 준비만을 담당하면 되었다. 따라서 부엌은 식탁 곁으로 올 수 있었다.

식탁은 아일랜드형 조리대와 하나의 세트로 만들어져 있어서 요리를 준비하는 공간이 식사하는 영역과 분리되지 않는다. 가끔 친구나 제자를 초대하여 식사를 준비하곤 한다. 식당과 부엌에 와글와글 모여 수다를 떨면서 밥을 하고 요리를 만든다. 학생 12명과 동시에 식사한 적이 있다. 부엌과 식당에 적당히 둘러앉아 큰 불편 없이 즐거운 시간을 누렸다. 좁은 공간에 모여 있어서 그런지 더욱 정다운 분위기가 만들어졌다.

함께 음식을 준비하면서 바깥의 풍경을 누린다. 싱크대에서는 나지막한 앞산을 볼 수 있고, 식탁에서는 앞마당의 풍경을 누릴 수 있다. 풍경을 누리는 것도 좋지만 풍경에 다가가면 더 좋을 것이다. 문을 열고, 테라스로 나가서 마당과 주변 풍경을 누린다. 단풍나무와 산벚나무가 그늘을 만들고 그 아래, 작은 꽃들이 피어 있다.

구별된 내부 공간 5. 마루, 휴식과 성찰의 공간

목재로 마감된 마루는 다른 공간의 바닥과 가장 뚜렷하게 구별된다. 마루는 바닥이 50센티미터 들려 올라가 있다. 한옥의 마루가 안방과 건너방 사이에 놓이면서 마당으로부터 들려 올려져 있듯이 소운의 마루는 내부 공간의 바닥으로부터 들려 올려 있다. 마루는 미닫이창을 경계로 툇마루와 이어지고, 뒷마당으로 그 영역을 확장한다.

마루는 우리의 전통주택에 대청이라는 이름으로 집의 가장 중요한 위치에 자리잡아온 공간이다. 마루는 높고 존귀한 것을 의미한다. 한옥에 있어서 마루는 조상신의 제사와 시주봉안, 곡물보관 등 성스럽고 중요한 기능을 수행했기에, 마루는 생활 공간이자 제의적 공간이기도 하다.

－『한옥과 한국 주택의 역사』, 전봉희, 권용찬 저, 동녘, 2012.

소운의 마루에서 종교적 행위가 벌어지는 일은 없지만, 들려 올려져 있다는 공간적 포즈만으로 다른 공간과 구별된 성격을 갖는다.

마루.

이 공간에 욕조를 놓은 것도 그 때문일 것이다. 목욕을 하는 일이 하루의 일상이라고 할 수 있지만, 몸을 물에 담그면서 명상을 하고, 몸을 씻으면서 마음도 씻어내기에 하루를 정리하는 성찰의 시간이라고 할 수 있다.

욕조가 놓인 마루에는 아무런 가구도 없이 방석만 놓여 있다. 목욕을 하지 않을 때는 마루에 앉아 책을 읽고, 때론 낮잠을 청하기도 한다. 간소한 공간이지만 고요한 성찰의 공간이다.

구별된 내부 공간 6. 손님방, 초대받은 분들의 거처

손님방 역시 특별한 형상의 단면을 갖고 있다. 경사 지붕을 따라 손님방의 공간이 높게 전개되다가 천장 아래로 다락이 생기면서 방은 갑자기 낮아진다. 손님방은 단면의 높이에 의해 두 개의 영역으로 나누어진다.

첫 영역은 높은 천장 아래 공간으로 거실의 축소판이다. 책상과 텔레비전이 놓인 곳이다. 초대받은 이들은 여기 바닥에 앉아 텔레비전을 보거나 음악을 듣고, 책상에 앉아서 인터넷 서핑을 하거나 책을 읽을 수 있다.

두 번째 영역은 다락 아래 공간으로 불과 2미터 높이의 천장을 갖는다. 낮은 천장이 만들어내는 포근한 느낌이 깊은 잠을 선사한다. 침대 옆으로 큰 창이 있다. 창밖으로 낮은 담장이 길게 보이고 그 너머로 하얀 가지가 아름다운 자작나무 여러 그루가 서 있다. 창은 북쪽 모서리로 계속 이어져서 매화나무가 보이는 풍경까지 연결된다.

손님방에서 계단을 오르면 다락과 이어진다. 초대받은 손님은 손님방에 머물다 고요한 공간을 찾고 싶으면 다락으로 올라간다.

손님방.

다락은 때로 손님의 부속 침실로도 사용된다. 다락으로 올라가는 계단의 하부는 가방이나 옷을 두는 곳으로 이용한다. 손님방은 화장실로 이어지고, 화장실은 마루와 욕조로 이어진다. 손님방의 영역은 거실과 마루, 다락으로 필요에 따라 확장된다.

가끔은 손님방에 머무르곤 하는데, 그럴 때면 집을 나와서 떠난 여행지의 어떤 호텔에 있는 듯한 느낌이 든다. 종일 창으로 환한 빛이 들어와 밝은 곳이지만, 특별히 아침햇살이 좋은 곳이다. 아침에 일어나 동창을 열면, 새소리와 함께 빛으로 가득한 시간을 만날 수 있다.

구별된 내부 공간 7. 다락, 묵상의 공간

손님방에서 가파른 계단을 올라 만나게 되는 공간이 다락이다. 다락은 경사진 지붕 아래 마련되어 있어 한쪽으로 천장이 기울어져 있다. 높은 쪽의 높이가 2.3미터이고 낮은 쪽이 1.6미터이니 전체적으로 천장과 벽에 의해 감싸여진 느낌이다. 다락은 폭이 2미터밖에 안 되지만 깊이는 4미터로 제법 깊이가 깊은 공간이다. 낮은 천장, 그리고 좁고 긴 비례의 공간이 만들어졌다.

손님방 쪽으로 한지 미닫이창을 두었다. 창을 열면, 마루를 거쳐 거실로 이어지는 복도와 손님방이 내려다 보인다. 다락에서 외부로 향한 창은 크기가 작아서 내부 공간은 어둡다. 커튼을 치면, 손님방 쪽으로 난 한지창이 유일한 광원이 된다. 은은하게 들어오는 빛이 다락의 어둠을 어루만진다. 다락에서 원했던 것은 어둠이고, 어둠 때문에 오히려 뚜렷하게 빛의 존재가 인식된다. 낮은 테이블 위에는 농부가 일하는 모습이 그려진 나무 십자가가 있다. 어둠 속에서 잠들고, 잠에서 깨어 빛을 느끼고, 빛을 느낀 당신이 묵상하는 공간. 다락은 침묵을 머물게 하는 그릇이고, 사색을 잉태하는 공간이다.

다락.

구조의 체계 – 형식과 내용

구조는 집을 만드는 하나의 형식이다. 이 형식은 '공간 조직의 체계' 라는 추상적 개념이면서도, 동시에 '하중을 지지하는 구조물'이라는 실제적인 존재이다. 그런 점에서 구조는 집의 형식이자 내용이다. 캔 버스를 고정하는 구조부재가 그림 뒤에 숨겨져 보이지 않은 것과 달리, 3차원 공간인 건물을 지탱하는 구조는 그 존재가 분명히 인식된다.

'소운'의 대지를 조성하기 위해 만든 축대에 콘크리트 구조를 사용 했다. 축대와 담장이 주택의 입면으로 작동하는 상황이었으므로 건물 도 콘크리트 구조를 따라가는 것이 외관에 통일성을 부여할 것이라 판 단했다. 전체적으로 콘크리트 구조를 사용하고 있지만, 크게 열린 공 간을 만들기 위해서 부분적으로 철골 구조를 사용했다. 철골부재가 콘 크리트보다 구조의 크기를 크게 줄일 수 있어 보다 개방된 공간을 만 들 수 있기 때문이다.

구획된 공간의 윤곽은 콘크리트 구조벽으로 만들어졌다. 20센티미 터 두께의 콘크리트 구조벽이 직교좌표를 따라 배치되면서 구조의 틀 을 형성한다.

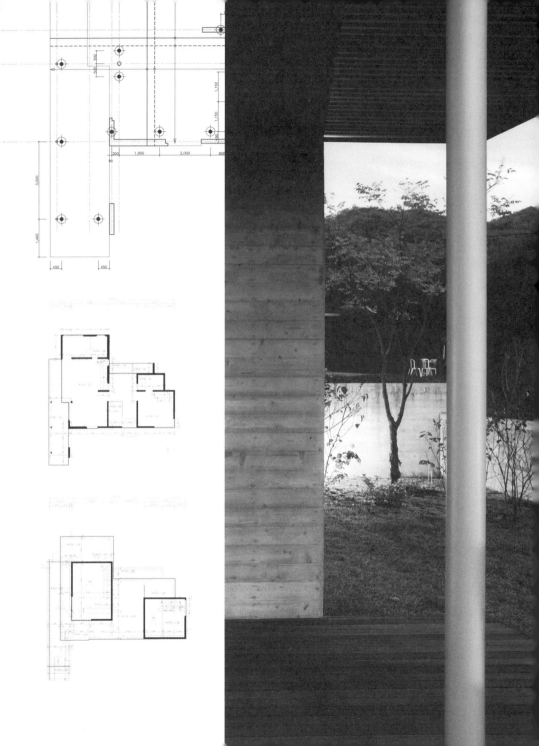

콘크리트 벽은 때로는 마감재료 없이 그대로 노출되면서 거친 마감면을 드러낸다. 콘크리트 벽은 축대와 담 그리고 칸막이벽으로 세워져, 소운의 공간을 세우고 나누고 경계 짓는 역할을 한다. 콘크리트 구조체계는 '소운'의 평면체계와 단면의 체계와 일치한다.

콘크리트 구조벽은 칸막이벽을 겸하기 때문에 구조로서의 존재감이 덜하다. 힘을 받는 구조라고 느껴지기보다는 공간을 구획하는 벽으로 우선 느껴지기 때문이다. 소운에서 '나는 구조이다'라고 말하고 있는 것은 몇 개의 철골 기둥이다. 크게 열린 공간에는 어김없이 철골 기둥을 사용했다. 철골 기둥들은 되도록 작은 크기로 만들고자 했다. 소운의 내부 공간이 크지 않기 때문에 구조부재 역시 섬세하게 짜여야 했다. 가장 두꺼운 기둥이 10센티미터, 가장 작은 것이 5센티미터로 최소의 두께를 구사했다. 무거운 하중을 얇은 기둥이 감당하는 극적인 구조적인 관계를 표현했다.

소운의 개별 공간은 그 규모가 작다. 작지만 넓게 보이고 싶었기에 그 공간을 구성하는 부재의 두께와 스케일은 섬세한 표현을 할 수 있어야 했다. 그러기 위해서 건축물의 하중이 야기하는 휨모멘트를 슬라브와 보가 담당하고 철골 기둥은 수직방향의 힘(압축력)만 받게 설계했다. 철골 기둥을 얇게 만들 수 있는 숨은 기술이다.

소운의 구조체계는 평면과 단면의 의도, 공간의 목표와 일치한다.

집을 세우는 일은 집을 구획하는 일과 다르지 않고, 집을 표현하는 일
과도 다르지 않다. 소운의 구조는 평면이고 단면이며, 공간적 질서이
고 건축의 표면이다. 구조는 건축의 가장 중요한 바탕이다.

재료

재료를 정확히 그리고 창조적으로 이용함으로써 기능적이고 장식적인 형태에 대한 문제가 해결된다.

　　　　　－『재료에서 건축으로』, 모홀리 나기 저, 도서출판과학기술, 1995.

재료는 아주 근원적인 출발이다. 재료로부터 건축물의 형태가 만들어진다. 집에서 거주하기 위해서는 다양한 재료와 물질이 필요하다. 각각의 재료가 원하는 고유한 가공방식이 있다. 벽돌이 원하는 형태가 있고, 콘크리트가 원하는 체계가 있다. 목재가 원하는 크기가 있고, 돌이 가공되는 두께가 있다.

소운에서 가장 많이 쓰인 재료는 구조를 담당한 콘크리트이다. 콘크리트는 축대와 담, 기초와 바닥을 만드는 데 가장 적합한 재료이다. 콘크리트는 '구조'라는 추상적인 이름으로 존재할 뿐 아니라 구체적인 '표면'으로도 존재한다. 콘크리트를 캐스팅하기 위해 목재 널 거푸집을 사용했는데, 그 덕분에 콘크리트 표면에 목재의 질감이 느껴진다.

콘크리트 다음으로 중요하게 취급된 재료는 목재이다. 목재와 콘크리트는 잘 어울리는 재료라고 생각했다. 콘크리트라는 거칠고 무거운 재료와 목재라는 부드럽고 따스한 재료가 서로 대비되는 만큼, 서로 잘 어울린다.

그런데 소운의 콘크리트와 목재는 어딘가 서로 닮아 있다. 콘크리트 표면에는 목재의 결이 박혀 있다. 한편 외벽면의 목재는 서서히 색이 빠지면서 콘크리트와 비슷한 회색빛으로 변한다. 오래 사귄 친구처럼 콘크리트와 목재는 세월이 지나면서 더욱 서로 닮아간다.

외벽의 유리창은 두 가지 방식으로 표현된다. 손님방과 거실, 마루, 서재와 작은 방의 창은 '개방된 창'으로서 열려 있는 개구부로 표현된다. 창은 벽두께의 중심에 위치하고 프레임에는 투명한 유리가 끼워져 있다.

'개방된 창'과는 달리 '벽으로서 존재하는 창'이 있다. 부엌과 계단, 다락에 설치된 창은 프레임을 숨기고, 거울유리면만 외벽 표면에 드러나도록 했다. 목재, 거울유리, 콘크리트가 같은 면에서 마감되면서 미묘한 느낌을 전달한다. 구조와 마감재가 같은 면에 있기에 구조재는 마감재의 위상을 갖고 마감재는 구조재의 위상을 갖는다. 거울 유리의 표면에는 외부의 풍경이 담겨진다. 유리 위로 풍경이 비치면서 뚫려 있는 창은 막힌 거울벽으로 인식된다. 유리면 위로 보이는 것은 풍경이기에 벽이지만 벽이 아니다. 이중 부정의 벽이다.

서로 닮은 콘크리트와 목재.

표면인 동시에 구조이고, 구조인 동시에 표면이고, 벽이지만 벽이 아닌, 창이지만 창이 아닌, 패러독스한 벽을 만들고 싶었다. 재료는 본연의 재료이지만, 그 재료에 당연히 부과된 의무, 즉 구조, 벽체, 투명성이라는 건축적 기능을 수행하면서 동시에 그 역할을 비껴간다.

내부 공간은 외부와 달리 신체가 직접 닿기 때문에 되도록 평활한 면을 만들고자 했다. 내부 공간은 흰색으로 마감한 석고보드의 벽과 천장이 주조를 이룬다. 특히 두 개의 방, 손님방과 작은 방은 모두 흰색으로 마감되었다. 환하고 정갈한 분위기를 원했기 때문이다. 선방과 같이 고요하고 깨끗한 하얀 방은 모든 빛을 받아들이기에 그 어떤 빛으로도 변할 수 있다. 여명에는 푸른빛으로, 노을이 질 때는 황금색으로 변하는 벽은 정오에 가장 하얗게 빛난다. 하얀 벽은 시간과 절기에 따라 그 미묘한 뉘앙스를 새롭게 만들어간다.

거실과 마루, 서재와 같이 열려 있는 공간은 닫혀 있는 방과는 다른 성격을 부여했다. 그 공간들을 '내부에 있는 외부'로 해석했다. 흰색 페인트로 마감된 벽면과 함께, 외부에 사용된 콘크리트와 목재로 마감된 벽면을 구사하여 외부적 성격을 드러냈다.

외부에서 그랬듯이 내부에서도 서로 다른 재료가 같은 면에서 만난다. 벽면이 오려진 부분에 창이나 문이 붙으면서 외부와 관계를 맺는다. 빈 공간에 자연의 풍경이 맺힌다. 풍경은 때로 공간을 이루는 가장

콘크리트, 목재, 거울 유리.

중요한 재료가 된다. 소운의 벽은 구조면과 마감면이 교차하면서, 열린 면과 막힌 면이 번갈아 나타나면서, 다양한 공간의 관계, 논리와 패러독스, 질서와 유머, 종국에는 풍부한 공간의 음악을 만들어낸다.

크기와 치수

40평: 소운을 설계하면서 공간의 크기를 가급적 작게 만들고 싶었다. 처음에는 20평 크기로 시작했다가, 손님방과 다락, 마루가 끼어들면서 40평까지 늘어나고 말았다. 40평이라고는 하지만 계단이 두 개나 있고, 서재와 마루, 다락, 테라스, 두 개의 화장실까지 포함된 면적이기 때문에, 각각의 공간의 크기는 일반적 기준에서는 작은 편에 속한다. '어떻게 작은 공간을 넓게 쓰느냐', '어떻게 작은 공간을 작지 않게 보일 것인가'가 풀어내야 할 중요한 과제였다.

1.6평: 나의 침실, '작은 방'의 크기이다. 2.2미터 × 2.4미터의 크기는 잠을 자기에 충분한 크기여서 이불을 펴고 나면 제법 주위로 공간이 남는다. 이 방이 작은 크기로도 충분한 이유는 붙박이 옷장 때문이다. 공간을 작게 쓰기 위해서는 효율적인 수납 공간이 필수이다.

5미터: 거실은 다른 공간과 대비되는 높은 공간으로 5미터 높이를 갖는다. 거실은 환하고 수직적으로 열리기를 원했다. 서재는 거실 중간 레벨에 걸려 있다. 서재는 1.8미터 낮은 높이로 시작하지만 2.7미터 높은 높이로 끝난다.

1.6미터: 다락의 가장 낮은 부분의 높이는 1.6미터이다. 이 높이는 서 있기 불편한 높이지만 천장이 경사져 있어서 끝으로 가면 2.3미터까지 높아진다. 1.6미터 높이와 대비되어 2.3미터 높이가 훨씬 여유로워 보인다.

60센티미터: 계단은 공간에 입체적으로 놓이면서 도면으로 볼 때보다 실제 모습은 훨씬 더 크게 보인다. 계단을 줄일 수 있는 데까지 줄이고 싶었다. 불편하지 않은 크기까지 줄인 계단의 폭은 60센티미터였다.

15센티미터: 책을 둘 공간을 확보하는 일이 쉽지 않았다. 서재에 창을 내고 나니 남는 벽이 너무 작았다. 서재로 오르는 계단 한쪽 벽을 모두 책꽂이로 만들었다. 문제는 치수였다. 책꽂이 깊이를 최소화하면 공간을 벌 수 있으니 가장 작은 치수를 찾았다. 가지고 있는 책의 크기를 재어보고 15센티미터 깊이면 충분하다고 생각했다. 책꽂이를 벽에 고정했기 때문에 일정 높이까지는 계단 바닥에서 들어 올릴 수 있었다. 공간이 훨씬 넓어 보였다.

3센티미터: 책상과 식탁 등의 목재 상판은 3센티미터 두께의 강재에 의해 지지된다. 목재 상판과 강재 사이에 1센티미터 홈을 두었다. 구조 디테일에 의해 생긴 가구의 섬세한 요철은 아무 장식이 없는 가구에 풍부한 디테일을 만들어준다.

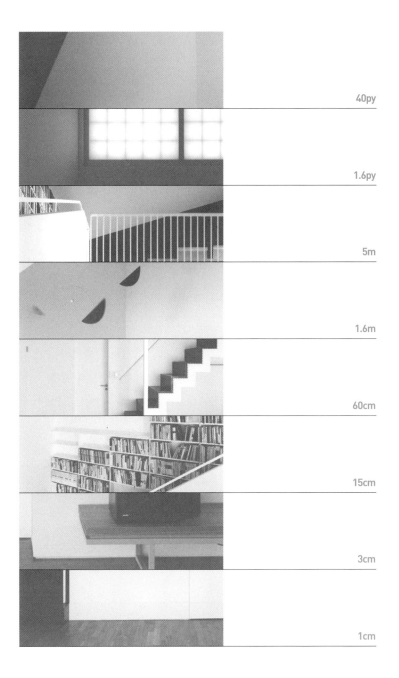

40py

1.6py

5m

1.6m

60cm

15cm

3cm

1cm

1센티미터: 벽과 바닥이 만날 때, 걸레받이를 두어 마감을 정리한다. 주택을 설계할 때 걸레받이를 눈에 띄지 않게, 그리고 되도록 작게 만들려고 노력한다. '소운'을 설계하면서 걸레받이 대신 벽과 바닥 사이에 1센티미터 깊이의 홈을 두었다. 공간이 좁을수록 디테일의 크기도 함께 작아야 그 공간이 균형 잡히기 때문이다.

'소운'의 크기와 치수에 담긴 사연을 적기 위해서는 한 권의 책이 필요할 것이다. 집을 설계하는 일의 대부분은 그것을 구성하는 모든 요소들의 크기와 치수를 정하는 일이다. 크기와 치수를 정하기 위해서는 공간의 용도, 공간의 형태, 내구성을 고려해야 한다. 로마제국의 건축가 비트루비우스로부터 지금까지 전승되어온 건축의 3요소, '기능, 구조, 미'는 공간의 크기와 부재의 치수 속에 담겨져 있다. 건축은 종국에 크기와 치수로 존재한다.

집의 형태

열한 개의 구별된 내부 공간을 모으면, 집의 형태가 완성된다. 마치 레고 블록을 조립하듯, 공간의 조립을 마치면 마침내 완성된 모습이 드러나는 것이다. 그렇다면 소운의 형태는 내부의 공간이 집적된 결과일까? 내부 공간이 위시리스트의 항목에 해당된다면, 외부의 형태는 소망의 리스트를 쌓아놓은 결과물일까?

집은 안으로부터 축조되지만 동시에 밖으로부터 생성된다. 집의 형태에 가장 많은 영향을 준 것은 땅의 형상이다. 북쪽에서 남쪽으로 경사진 대지의 내리막을 따라 집이 만들어진다. 따라서 집의 북쪽 면이 경사의 내리막을 마주하는데, 언덕과 마주하는 면이 경사의 내리막에 대응하여 이층 높이를 갖기를 원했다. 그렇지 않고 1층으로 낮게 처리하면 집이 가파른 경사면에 압도되는 느낌이 들 것 같았기 때문이다. 이러한 집의 당당한 포즈는 주차장에서 집으로 들어가는 과정에서 집의 존재감을 또렷이 드러내는 역할을 한다.

평지로 조성된 진입마당을 따라 2층 높이의 건물은 경사 지붕을 따라 1층 높이로 낮아진다. 1층 높이로 정리된 집은 거실 상부에서 다시

2층 높이로 솟는다. 2층에 마련된 공간은 거실과 이어진 서재이다. 2층으로 들려진 공간은 툭 터진 남쪽을 지향한다. 환하게 열린 풍경 끝으로 '운봉'이 보인다. 병산서원이나 옥산서원처럼 마주 보고 있는 산을 이름으로 빌린다면, 서재의 이름은 마땅히 '운봉서재'라고 해야 할 것이다.

지형의 질서와 반응하여 집의 형태가 만들어졌지만, 동시에 그 형태는 내부 공간의 분화와 각 공간의 특성을 반영한다. 서로 다른 평면과 단면을 요구한 특별한 열한 개의 공간이 저마다의 포즈를 지니고서 집의 형상 안에 담긴다. 그리고 그 형상 위로 재료가 피복되면서 집은 최종적인 형태를 갖는다.

집의 형태는 설계 과정의 결과로서 가장 마지막에 만들어진 것으로 보이지만, 실제로는 설계의 시작부터 떠올린 모습이기도 하다. 대지와 프로그램, 재료의 느낌과 디테일 등, 집의 형태를 결정하는 여러 가지 요소들을 처음부터 인식하면서 설계하기 때문이다. 집을 만드는 전 과정에 깔려 있는 바탕이 되는 생각은 '집에 대한 소망'일 것이다. 집의 형태는 건축의 목적으로 존재하는 것이 아니라 비전과 꿈을 이루는 과정에서 저절로 '드러난다'.

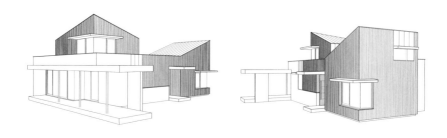

어떤 기후, 유용한 재료 및 기술 수준의 한계와 능력이 이미 주어졌
을 때, 최종적으로 주택의 형태를 결정하고 공간과 그 관계를 구성하는
것은 인간이 자기 이상적인 생활에 관해 갖고 있는 미래상vision이다.
 - 『주거 형태와 문화』, 아모스 라포포트 저, 이규목 역, 열화당, 1985.

'외부는 내부의 결과'라고 르 코르뷔지에는 주장했지만 나는 집이
내부의 결과로 만들어진다고 생각하지 않는다. 집의 형상은 내부의 힘
이 만들어낸 '결과'가 아니라 여러 가지 힘의 '평형 상태'이다. 지형, 기
능, 구조, 풍경, 기후, 관습 등 건축에 관여하는 수많은 힘이 작용해 만
들어낸 평형 상태인 것이다. 건축가는 집을 짓는 과정에 개입하는 수
많은 힘을 재료로 하여 도면 위에서 작곡하고, 그 힘을 조율하여 하나
의 완성된 곡으로 연주한다. 이 곡의 주제는 언제나 '집에 대한 소망'
이다.

네 개의 마당, 네 개의 빈터

집의 꿈은 궁극적으로 마당에 담겨진다. 마당이 막연히 외부의 공간으로 존재할 때는 그저 정원이거나 숲이지만, 내부 공간과 구체적으로 관계를 갖는 순간 진정한 '마당'이 된다. 마당은 내부와 외부가 소통하는 하나의 장이다. 마당과 내부 공간은 건축의 경계면에 의해 구별되지만 경계를 넘어 한 몸처럼 관계를 맺으며 작동한다.

가스통 바슐라르는 『공간의 시학』에서 "집은 수직적인 존재로 상상된다"라고 했지만, 나에게 소운은 수평적 존재로 경험되고 상상된다. 어린 시절 살았던 한옥도, 중학교 때 살았던 일식 주택도, 고등학교 때 살았던 양옥집도 수평적인 공간으로 기억되는데 그것은 모든 공간의 중심에 있었던 마당 때문일 것이다.

마당과 관계를 맺으면서 비로소 진정한 의미를 갖게 된 내부 공간은 대지에 기대어 수평적으로 전개된다. 소운에는 여러 개의 마당이 펼쳐져 있다. 마당과 마당 사이에 경계가 없다 하더라도, 마당이 '어떤 마당'으로 뚜렷이 구별되는 것은 내부 공간과의 관계에 의해서이다.

진입마당: 대문에서 현관, 테라스로 이어지는 공간이다. 4미터의
폭에 15미터의 깊이로 길게 전개되는 마당이기에 경험의 시간이 길
다. 수평적으로 펼쳐진 담장과 수직으로 길게 뻗은 자작나무 줄기
가 풍경의 좌표를 형성한다. 손님방에 나뭇잎들이 그림자를 드리
운다. 봄에는 여러 가지 꽃을 심어 그때그때 풍경을 바꾼다. 잘생긴
낙상홍이 심겨진 곳이 현관이 있는 곳이다. 여기로 들어오라고 말
하는 것 같다.

거실 앞마당: 소운의 중심이 되는 마당이다. 홍단풍과 산벚나무 사
이로 펼쳐지는 마당은 잔디밭으로 비워져 있다. 중심이란 크게 비
워진 공간이다. 잔디밭 주변으로 여러 종류의 나무와 꽃이 심어져
사시사철 풍경이 변화한다. 꽃과 나무 사이에 석물이 배치된 근경
이 있다면, 측백나무 벽을 배경으로 하여 꽃나무들이 배치된 중경
이 있다. 앞마당의 원경을 이루는 것은 멀리 보이는 두깔봉과 운봉
이다. 가까운 풍경과 멀리 있는 풍경을 고루 갖춘 앞마당을 거실과
식당, 서재가 향유한다. 창밖으로 보이는 나무, 꽃, 풀 들이 고요한
위로를 준다.

텃밭 마당: 대문에 들어서면 오른편으로 뒷산과 담장에 기댄 네모

거실 앞마당.　　　　　　　　　　　　　　　　철쭉, 개나리 빈터.

난 마당이 있다. 마사가 깔린 비어 있는 마당에 매화나무가 두 그루
가 심겨져 있고, 한쪽에 텃밭이 있다. 작은 텃밭이지만 소출이 만만
치 않고 매화나무에 열리는 매실도 제법 많다. 투입되는 노동에 비
해 얻는 것이 너무 커서, 비와 햇빛이 내게 준 선물처럼 느껴진다.
손님방 창에서 바라보면 텃밭마당과 낮은 담장 너머 이팝나무 군락
이 보인다. 작은 텃밭에서 옹기종기 자라는 식물들, 매화나무의 줄
기, 바늘꽃… 풍경의 디테일이 공간을 섬세하게 나눈다.

뒷마당: 뒷마당은 욕조가 설치된 마루와 면한 마당이다. 뒷마당은
뒷산과 '소운' 사이의 완충지대의 역할을 한다. 마당은 마사토로 비

워져 있지만, 작은 바위와 적당한 크기의 나무가 있어서 허전하지 않다. 봄에 수국이 피고 여름이면 개망초가 핀다. 마루에 앉아 뒷마당을 보는 것은 큰 즐거움이다.

억새 빈터: 억새로 둘러싸인 빈터이다. 숲과 거실 앞마당 사이에 있다. 평평하게 처리된 바닥에 앉으면 억새로 둘러싸인 아늑한 공간을 느낄 수 있다. 가을에는 낙엽이 쌓이고, 겨울에는 눈이 쌓인다. 목재로 만든 의자 두 개가 놓여 있다.

참나무 아래 빈터: 뒷산에 오르면 평평하게 고른 빈터가 있다. 공사를 하다가 남은 돌판을 바닥에 깔았다. 멋지게 휘면서 크게 자란 참나무가 그림자를 내리고, 그 뒤 언덕에는 사이좋게 두 줄기로 자라난 소나무 한 그루가 서 있다.

산벚나무 아래 빈터: 거실마당 끝으로 산벚나무가 그늘을 크게 드리운다. 그 아래에 판석을 깔아 넓적한 공간을 만들었다. 벚꽃이 피는 4월이면 이 주변은 아담한 '벚꽃 동산'이 된다.

철쭉, 개나리 빈터: 철쭉과 개나리로 둘러싸인 빈터이다. 빈터 중에 가장 멀리 떨어져 있지만, 이곳에서 마당과 집이 가장 잘 보인다. 나무 벤치를 두어 쉴 수 있도록 했다. 거실에 서면 벤치가 보이는 빈터가 아름다운 풍경으로 다가온다. 벤치는 마당의 마침표로, 바라보기 위해 놓은 것이기도 하다.

마당과 빈터는 서로 이어지면서 다양한 이야기를 만든다. 외부 공간에 내부 공간이 개입되면서 새로운 공간의 관계와 경험의 가능성이 열린다. 그 공간에 시간과 계절이 개입되면서, 한순간도 같지 않은 다채로운 시공간의 아름다움이 펼쳐진다. 집은 건물로만 존재하는 것이 아니라 관계로 맺어지며, 시간을 통해 변화해간다. 집은 건축과 조경, 그리고 주변의 풍경이 만들어내는 음악이다. 쉬지 않고 흐르는 시간이다.

134

무한대로 펼쳐지는 공간경험의 가능성

방과 방을 넘나드는 움직임은 방 그 자체의 공간만큼이나 중요하다.
방의 배치는 방 내부가 아니라 다른 방들과의 관계에 의해 결정된다.
— 크리스토퍼 알렉산더, 『A Pattern Language』, Oxford, 1978.

집 안에 마련된 공간은 서로 이어져 있다. 그 공간의 사이에서 움직임이 생긴다. 방에서 거실로 다시 서재로, 서재에서 거실로 테라스로 마당으로, 손님방에서 화장실로 욕실로, 수많은 종류의 움직임이 이곳에서 펼쳐진다. 각각의 공간은 구별되어 나뉘어져 있지만 동시에 하나로 이어져 있다. 공간의 문턱에는 문이나 창이 설치되어 있어 개방되는 정도를 조절한다. 개방의 정도는 그 순간의 공간의 관계와 쓰임을 암시한다. 개방의 정도에 따라 공간을 가로지르는 움직임의 강약도 변한다. 방과 방을 넘나들면서, 1층과 2층으로 넘나들면서 공간의 중심도 이동한다.

방과 방을 넘나들고 마당과 방을 넘나들면서 집은 다양한 공간의 서사를 펼친다. '소운'의 열한 개의 구별된 내부 공간과 여덟 개의 외부 공간이 매트릭스로 짜이면서 공간의 이야기는 무한한 가능성으로 펼쳐진다.

몸의 움직임을 통해 방과 방을 넘나들고, 시각적인 움직임을 통해 공간을 관통한다. 침실에서 거실의 창을 통해 테라스를 보고, 그 너머의 마당을 보고, 그 마당 너머의 산을 본다. 하나의 공간에서 여러 개의 공간으로 넘나든다. 소운은 몸과 시선의 '넘나들기'에 대한 계획을 바탕으로 설계되었다.

시각적 움직임은 우선 몸의 움직임을 따르는 체계로 만들어진다. 동선의 흐름을 따라 시각적 연결도 이루어진다. 그리고 그 움직임을 따라 '보고, 보이는' 관계는 더욱 강화된다. 복도의 끝, 동선의 종착점은 거실이지만 시선은 움직임의 방향을 따라 거실을 관통하여 마당에 이른다. 마당으로 시선이 갔다면, 시선을 따라 문을 열어 마당을 향한 움직임을 인도한다. 움직임의 지향성은 시각적 지향을 확장하고 시각적 지향은 움직임을 확장한다.

움직임과 독립하여 계획된 '시선의 흐름'이 있다. 가령 마루의 욕조에서 거실로 이어져 다시 앞마당으로 전개되는 흐름은 순수한 시각적인 관계로 이루어진다. 막힌 창에 의해 구별된 공간을 몸이 넘나들 수는 없지만 시선은 빛의 속도로 확장될 수 있다. 욕조에서 거실을 통해 마당을 지나 멀리 산봉우리로, 시선은 화살처럼 순식간에 저 멀리 날아간다.

테라스 ⋯> 거실 ⋯> 작은 방 뒷마당으로 이어지는 공간.

서재로 가는 계단 중간에 난 작은 창문을 통해 예기치 않은 뒤뜰의 풍경을 만난다. 그 창문은 계단을 오를 때만 의식된다. 갑작스럽게 다가오는 뒷마당의 풍경은 거실에서 서재로 오르는 과정에 개입한다.

움직임과 시각의 관계맺음을 통해 공간은 더욱 통합되고 확장된다. 어떤 풍경을 포착하는 촉각적, 시각적 사건을 통해 특별한 순간이 맺어진다. 순간은 새로운 순간이 되고, 풍경은 새로운 풍경이 된다.

변하는 공간

변역變易이라 함은 변하고 바뀐다는 뜻이다. 천지간의 모든 상황과
사물은 항상 변하고 바뀐다.

－『주역』, 남일성 해제, 현암사, 1974.

집은 동사이다. 집은 인지하고 반응하며 변화한다. 집은 햇빛과 온
도와 바람에 반응한다. 처마와 같이 움직이지 않는 장치도 있지만, 블
라인드, 커튼과 같이 움직이는 것도 있다. 풍경의 크기를 조절하고, 빛
의 강약을 조절한다.

내부 공간을 크게 변하게 하는 장치는 슬라이딩 도어(미닫이문)이
다. 미닫이문은 벽처럼 막혀 있다가도, 개방될 때 그 모습을 숨길 수
있기에, 문이 있던 자리는 빈 공간으로 변환된다. 미닫이문의 개폐는
내부 공간에서 벽이 움직이는 효과를 갖게 되어, 공간의 체계를 크게
바꿀 수 있다.

미닫이문을 거실과 작은 방 사이에 만들었다. 문이 완전히 열렸을
때, 거실에서 뒷마당, 숲으로 이어지는 시각적 연속성이 만들어진다.

미닫이문.

그 개폐의 정도를 조율하면서 거실의 분위기를 바꿀 수 있다. 내부 공간의 변화를 가장 크게 만들어내는 것은 마루와 복도 사이에 설치된 미닫이문이다. 두 짝으로 만들어진 3.6미터 길이의 문이 열리면, 나뉘어 있었던 마루와 복도는 하나의 공간이 된다. 손님방과 거실 사이에 있던 긴 복도가 하나로 툭 터진 환한 공간이 되었다가, 다시 문이 닫히면 손님방과 거실 사이에는 긴 복도가 생겨난다. 좁고 긴 복도는 두 공간의 '거리'를 더욱 크게 느끼게 만든다. 미닫이문을 어느 정도로 개방하느냐에 따라 마루와 복도의 공간이 변하고, 그 변화는 소운 전체의 공간 조직에 결정적인 영향을 미친다.

　손님방과 다락은 계단과 문으로도 이어지지만 한지 창으로도 이어진다. 시각적인 연속성을 창으로 조절한다. 한지 문을 닫았을 때 다락은 고립된 공간이 되고, 문을 열면 다락은 손님방의 일부가 된다.

　삶이 담겨지는 곳, '집'의 중요한 속성은 변하지 않음, 영속성이다. 그렇지만 영속적인 삶을 유지하기 위해서는 변하는 공간이 필요하다. 기후와 환경에 따라, 공간을 향유하는 방식에 따라서 공간이 변할 수 있을 때, 지속가능한 집이 될 수 있다.

소운에 거주하기

갓 지어진 주택이 진정한 '집'이 되기 시작하는 순간은 그곳에 누군가 거주하기 시작하면서부터이다. 거주를 통해서 비로소 '집'이 된 공간은 거주의 세월이 누적되면서 '집'으로서 성장한다.

시간이 지나면서 목재의 색이 변하고, 콘크리트 벽은 진해진다. 돌에는 이끼가 끼고 나무는 무성하게 자란다.

집은 기억이 쌓이며 '의미의 집'으로 변해간다.

우리의 기억은 사물들의 연속된 흐름을 감각적 성질들로 응고시킨다. 기억은 과거를 현재로 연장시킨다.

－『물질과 기억』, 앙리 베르그송 저, 박종원 역, 아카넷, 2005.

집을 이루는 하나하나의 사물들에는 기억이 담겨 있어 지난 시간을 말해준다. 집을 이루는 물질들은 추억의 앨범이 된다. 테라스에서 함께 나누었던 즐거운 식사, 툇마루에서 들었던 소나기 소리, 작은 방에서 바라보던 하얀 꽃…. 소운은 세월을 따라 '기억의 집'이 된다.

'소운'이 완성된 이후 이곳에 머물며 지내면서, 설계하는 과정에서는 미처 알 수 없었던 것을 새롭게 알게 되고 경험하게 되었다. 소운은 '발견의 집'이기도 하다.

이곳에 안개가 많이 낀다는 것을 알게 되었다. 가을 아침 짙은 안개가 내리면, 구름 속에 집이 떠 있는 것 같은 느낌이 든다. 중력이 느껴지지 않는 추상적인 세계가 된다. 안개 낀 풍경을 거듭 경험하면서 안개가 선사하는 아늑함과 신비함을 알게 되었다.

소운에서 바라본 운봉과 마감산.

비가 오면 얼마나 큰 소리가 나는지도 알게 되었다. 잎이 넓은 나무들이 많은 까닭일까, 소나기라도 내리면 우렁찬 소리가 숲을 뒤흔든다. 생명의 합창이라고 이름을 붙이고 싶다. 햇살이 얼마나 강한지도 알게 되었다. 추운 겨울날, 거실 깊숙이 들어오는 햇빛은 추위보다 강했다. 봄날의 볕은 얼마나 따스한지도 알게 되었다. 뺨으로 느껴지는 햇살이 때론 간지럽기도 했다.

땅의 의미는 이미 주어진 것도 있지만 집에 머물며 새로운 의미로 태어나는 것도 있다.

진달래 자리, 참나무 그늘, 텃밭, 벚꽃 동산…. 그렇게 장소는 기억이 쌓이면서 새로운 의미가 되어갔다. 거주하면서 땅의 형상을 이해하게 되었다. 설계하면서도 땅의 모양을 살폈지만, 거주하면서 본격적으로 주변의 들과 산을 다니게 되었다. 뒷산에 올라 골짜기의 생김새를 관찰하고, 앞산에서 우리 집을 바라보기도 했다. 개천의 줄기를 따라 그 상류로 올라가보기도 했고, 섬강의 강변에 서서 물 흐르는 소리를 듣기도 했다. 남한강 주위를 자전거로 달려보기도 했고 강천섬을 산책하기도 했다. 소운 주변의 땅, 곳곳을 몸으로 짚어가면서 새로운 풍경과 의미를 발견하는 기쁨이 컸다.

공부하는 집

공간은 그것의 수많은 벌집 같은 구멍들 속에 시간을 압축해 간직하고 있으며, 공간은 그렇게 하는 데 소용된다.

－『공간의 시학』, 가스통 바슐라르 저, 곽광수 역, 동문선, 2003.

'소운'을 마련한 가장 중요한 이유는 작업과 독서를 위한 '자신만의 공간'을 갖고 싶었기 때문이다.

집을 짓기로 계획을 한 뒤, 15년 만에 마침내 소운을 짓게 되었을 때의 기쁨을 지금도 잊지 못한다. 소운에서 설계를 하고, 책을 읽고, 원고를 쓰는 시간이 그리 좋을 수 없다. 이곳에 오면 마음껏 음악을 듣고, 책을 읽을 수 있었다.

소운은 내가 공부하는 공간이지만, 시간이 지나면서 소운이 나를 공부시켰다는 생각이 든다. 땅을 고르고, 설계를 하고, 집을 짓고, 머물러 지내는 동안 '집'에 대해 많은 깨달음을 얻었다. 직접 공간을 경험하면서 공간의 관계와 크기와 치수에 대해서도 보다 뚜렷한 확신을 갖게 되었다.

소운을 통해 가장 크게 배운 것은 '집이 되어가는 과정'을 경험한 일이다. 그리고 마침내, '주택'이라는 공간이 '집'이라는 장소가 되는 것은 오직 머무는 시간을 통해서 이루어진다는 것을 깨달았다. 정주, 바로 여기에 머물러 사는 것이 집의 본질이었다. 머물러 지내는 시간은 '주택'이라는 건축물을 '집'이라는 의미로 변화시켰다. 집은 건축가의 작품이 아니라 머물러 사는 이의 시간이 담겨지는 장소라는 것을 배웠다.

함께 머무는 집

소운은 공부하는 집으로 만들어졌지만 누군가와 함께 머물기 위해서도 만들어졌다. 가족과 친지들과 시간을 같이 한다. 데이지 꽃이 하얗게 마당 가득 피었을 때 아버지 팔순 잔치가 있었다. 오래 함께한 가족이지만 여주에서의 시간은 특별한 기억을 새겨준다. 제자들과는 종종 이곳에서 '수업'을 한다. 설계 작품 리뷰가 끝나면 식탁에 둘러앉아 건축과 인생에 대해 늦은 시간까지 대화를 나눈다. 때로는 친구와 지기를 초대해서 지난 추억을 나누고, 절박한 고민을 상담한다. 함께 머무는 시간은 서로의 마음을 나누는 시간이다.

사랑하는 이와 함께 머무는 시간 속에서, 비로소 집은 가장 완전한 '집'이 된다. 집이 선사하는 가장 큰 선물은 누군가와 '함께 있는 시간'이다.

홀로 머무는 집

집은 함께 있기 위해 짓는 것이라지만, 소운은 홀로 있는 시간을 위해 만들어졌다고 할 수 있다. 건축설계는 팀 작업을 통해 이루어지지만, 그 시작은 건축가의 고독한 작업으로부터 비롯된다. 결정적인 순간에 이르러 궁수가 과녁을 보고 화살을 날려야 하듯, 건축가는 그의 모든 경험과 아이디어를 하나의 설계안에 응축시켜야 한다. 그 응축의 순간만큼은 홀로 작업할 수밖에 없다. 그 작업은 고독 속에서 정신이 고양된 시간이 되어야 비로소 시작할 수 있다. 소운은 내게 혼자 있을 수 있는 공간을 마련해주었다. 홀로 있는 시간을 향유하면서 설계를 하고 원고를 썼다. 책을 읽을 때, 음악을 들을 때, 멍하니 생각에 잠길 때, 고독과 함께 소운에 머문다. 소운은 여러 가지 방식으로 홀로 있는 시간을 위로한다. 꽃과 나무, 새소리와 빗소리, 따스한 햇살, 시원한 바람…. 소운은 고독을 허락하는 공간이다.

노동하는 집

집은 사람처럼 보살핌을 받아야 한다. 머물기 위해서는 청소를 해야 하고, 마당을 돌보아야 하며, 고장난 곳을 수리해야 한다. 소운에 머물면서 그전에 하지 않던 육체노동을 해야 했다. 손가락에 굳은살이 박일 정도로 풀을 뽑아도 잡초는 계속 자랐다. 잡초를 상대하기 시작한 뒤, 처음으로 '무한'이란 개념이 어떤 것인지 그 실체를 경험할 수 있었다. '무한'하게 생겨나는 잡초를 뽑다가, 중간에 일어나 허리를 펴면 머리 위로 무한대 기호가 핑 돌며 어지럽게 그려진다. 한겨울에 수도관이 얼어붙어 발을 동동 구를 때, 갑자기 인터넷이 끊어졌을 때, 그 일을 해결하기 위해 뛰어다니는 과정 속에서 소운에 더 큰 애착을 갖게 되었다. 애착이란 이렇듯 돌봄의 수고 속에서 자라는 것이었다. 꽃을 심고, 나무를 가꾸면서 아름다운 마당을 누릴 때, 잘 보살핀 텃밭에서 상추와 치커리가 생산될 때, 무거운 잔디깎기 기계를 움직여 마침내 깨끗한 마당이 되었을 때, 땀 흘린 보람을 느꼈다. 소운이 내 곁에 있는 한 나의 힘든 노동은 계속될 것이다. 때론 귀찮고, 때론 피하고 싶은 노동이지만, 그래도 그 노동은 견딜 만한 노동이고 향유할 만한 노동이다. 이 노동을 통해 집은 제대로 집이 되어간다. 땀을 흘리는 단순한 노동 속에서 마음의 평화를 얻는다.

공포의 집

　집은 때로 공포의 장소이다. 최근에 경험했던 공포의 대부분은 여기, 소운에서 경험했다. 비가 오고 천둥이 치는 밤, 홀로 방에 있으면 공포가 엄습한다. 번개에 반응하여 전원이 차단되기라도 하면 집은 갑자기 암흑에 휩싸인다. 냉동실에 있는 음식을 생각하면 다시 차단기의 전원을 올려야 한다. 빗줄기를 뚫고 어둠을 지나 차단기가 설치된 보일러실 문을 열면 어둠보다 더 어두운 공간이 입을 벌리고 있다. 그 안에 들어가면 영영 사라지고 말 것 같은 그런 어둠이다. 차단기 박스를 열고 차단기를 올리면 전등이 들어오고 다시 집은 환해진다. 환해진 집으로 다시 들어가도 공포의 그림자는 남아 불면의 밤을 보낸다. 바람이 몹시 불면 숲에서는 휘파람 소리가 난다. 나무와 나무 사이를 바람이 통과하면서 소리의 공명이 만들어졌기 때문이다. 숲이 흔들리고 낙엽이 날리고, 마치 공포 영화의 한 장면 같은 풍경이 펼쳐진다. 거친 바람이 거실의 창을 흔든다. 까닭 모를 두려움과 외로움이 나를 압도한다.

　행복했던 어린 시절에도 집은 공포의 공간이었다. 한옥에 살던 때,

밤에 화장실을 갈 때마다 그렇게 무서울 수 없었다. 마루 아래의 컴컴한 어둠을 바라보면, 갑자기 그 안에서 파충류를 닮은 초록색 괴물이 확 튀어나올 것만 같았다. 집은 편안한 공간이지만 동시에 공포와 두려움이 있는 공간이다. 어둠이나 비바람 자체가 공포인 것은 아닐 것이다. 내 안에 있는 공포가 어떤 계기를 만나 터지듯 분출하는 것이 아닐까. 무의식 깊은 곳에 가라앉아 있던 공포를 이 집에 담긴 어둠이, 숲에 부는 바람이 불러온다.

꿈속의 집

집도 역시 꿈이 된다. 꿈과 몽상에 대해 가장 많은 글을 남긴 사람은 가스통 바슐라르일 것이다. 그에게는 물과 불, 공기와 집이 꿈이 되고 몽상이 된다. 이 세계와 대면하며 살면서, 사물과 공간들은 어느새 내게 의미 있는 존재가 되고, 그 존재는 내 안에서 자라나서 꿈이 되고 몽상이 된다. 그런데 아주 오랫동안 나의 꿈속에 내가 사는 집이 등장하지 않았다. 아마 아파트에 살기 시작한 이후일 것이다. 1987년 처음 아파트 생활을 시작했는데, 그 이후로 지금까지 내가 살던 아파트가 꿈에 등장한 적이 없다. 내가 태어나고 자란 집이 아파트가 아니라 마당이 딸린 집이었기에 내 꿈의 주인은 아파트를 '집'으로 인정하지 않았던 것 같다.

소운에 거주하고 난 뒤 반 년쯤 흘렀을까 꿈에 처음으로 소운이 등장했다. 얼마나 반가웠는지 모른다. 겨울이 지나고 봄이 올 무렵이었는데, 마당의 나무에 꽃이 핀 꿈을 꾸었다. 주차장에서 대문으로 향하는 길에 복사꽃 같은 연분홍 꽃이 환하게 피었다. 행복한 꿈이었다.

그리고 또 어느 겨울밤에 꿈을 꾸었다. 앞마당에 낮게 패인 곳이 있어 그 안으로 들어갔더니 그곳은 바람이 불지 않았다. 볕이 환하게 들고 한겨울인데도 꽃이 피어 있었다. 그곳에 편안하게 누웠다. 대지에 파인 아늑한 공간. 볕이 들고, 바람이 멈춘 공간. 포근하게 감싸인 따스한 공간. 그곳이 어쩌면 인류의 선조부터 각인되어 나에게로 전승되어 온 '집의 원형'인지도 모른다.

소운素雲 : 집의 이름 짓기

고요한 곳에서 홀로 작업하며 머물 수 있는 공간. 이것을 무어라고 불러야 할까. 서재에 거주 공간이 더해진 것을 부르는 마땅한 단어가 없다. 한국의 전통 건축에는 이러한 건축유형을 칭하는 이름이 있는데, 이를 '정사精舍'라고 한다. 학자들이 공부를 하기 위해 만든 집이다.

정사가 소운에 가장 적당한 이름이지만, 옥호에 '정사'를 붙이기에는 왠지 부담스러웠다. 당堂, 헌軒, 재齋와 같이 옥호에 붙이는 좋은 한자가 있지만, 그 글자가 내포하는 의미가 여주에 마련한 집과는 왠지 다르다고 느껴졌다.

집을 부르는 적당한 단어를 찾지 못하고 고심하던 끝에 이 집을 '소운素雲'이라는 고유명사로 부르기로 했다. 그러니까 이 집은 자기의 이름을 지닌 고유한 존재이다. 소운의 한자는 흴 소素 구름 운雲이다. '소'는 논어의 '회사후소繪事後素'에서 따왔다. 비어 있는 흰 바탕이 있어야 비로소 그림을 그릴 수 있다는 의미이다. '운'은 이 동네에 구름과 안개가 자주 생겨 붙인 이름이다. 이른 아침 안개가 짙게 끼었을 때, 마주한 온 세상이 고스란히 하얀 세계가 되었다. 구름 속 같은 하

얀 풍경이 좋았다.

찰나와 같은 시간일지라도 무엇인가에 열중하면, 깊이 사랑하면, 어떤 경지에 도달하면, 하얀 세계를 만난다는 이야기를 들은 적이 있다. 나도 가끔 그런 하얀 세계를 이곳 소운에서 만난다. 안개에 싸인 하얀 세계는 안개가 더 많아져도 그대로의 모습이고, 눈 덮인 하얀 세계에 눈이 더 내려도 하얀 풍경은 그대로이다. 정말 깊어지면 더 이상 깊어지지 않고, 정말 많아지면 더 이상 많아지지 않는다.

두 번째 공간

후암동 소율 素率 바탕 소, 붓 율

일하는 집, '소율'

'소율'은 일하는 집이다. 건축가인 나, 그리고 수련 중인 제자, 역량을 갖춘 젊은 건축가들과 팀을 이루어 건물을 설계하고, 단지를 계획하고, 도시를 꿈꾸는 작업장이다. 남산 기슭에 있는 후암동, 오래된 골목이 핏줄처럼 퍼져 있고, 고만고만한 집들이 골목을 채우고 있는 곳, 그 한 모퉁이에 소율은 자리 잡고 있다.

독립된 건축가로 활동을 시작한 뒤 20년을 반포 서래마을의 작업실에서 지냈다. 1995년, 대학 후배인 강원필과 '경영위치'라는 이름으로 설계사무소를 열면서 본격적인 건축가의 길이 시작되었다. 내가 교수가 된 뒤로는 파트너였던 강원필 소장이 대표를 맡아주었다. 강의와 연구는 학교의 스튜디오에서 진행했지만, 설계를 할 때는 서래마을 작업실을 이용했다. 오랜 세월 함께한 강소장을 비롯, 숙련된 팀원들과 손발을 맞출 수 있었기 때문에 수준 높은 결과물을 지속적으로 생산할 수 있었다.

어느 날, 20년 가까이 호흡을 맞춰온 강소장이 작업실을 떠나겠다고 했을 때, 참으로 난감했다. 앞으로 진행할 작업들도 걱정이 되었지만,

무엇보다 외로워지는 것이 걱정되었다. 힘든 일, 좋은 일을 함께하면서 늘 위로가 되었던 그였다. 강소장은 떠나면서 나에게 충고를 잊지 않았다. 그중에 하나가 임대 공간을 새로 찾는 대신, 아담한 작업실을 하나 지으면 어떻겠냐는 것이었다. 그렇지 않아도 그 즈음, 친구와 선배로부터 작업 공간에 대한 이런저런 조언을 들었던 때였다. 주변의 다양한 의견과 스스로의 구상 사이에서 마음을 못 잡고 있을 때, 강소장은 내가 진정 바라는 것을 환하게 읽은 듯했다. 건축가 자신의 작업 공간을 설계하고, 바로 그곳에서 일을 해보는 것, 나의 오래된 꿈이었다.

그 전에도 작업실을 마련하려는 계획은 몇 번 있었다. 북촌이 유명해지기 전, 가회동 한옥을 점찍어두었고, 서촌이 뜨기 전에는 통인동에 땅을 보아두었다. 하지만 그때마다 경제적인 어려움을 겪으면서 포기했고, 작업실 후보로 선택한 동네는 얼마 지나지 않아 한결같이 천정부지로 값이 뛰었다.

그런데, 이번만큼은 꼭 작업실을 짓고 싶었다. 아니, 꼭 지어야만 했다. 작업실을 이끌고 갈 후배 건축가들에게 좋은 공간을 마련해주고 싶었다. 팀원의 숫자가 많지 않기에 애초에 큰 공간이 필요 없었다. 작은 대지를 구해 작업 공간을 아담하게 지으면 좋겠다고 생각했다. 경제적인 사정도 고려하지 않을 수 없었는데, 앞으로 감당해야 할 이자가 현재 지출하고 있는 서래마을 작업실 임대료의 50퍼센트 이하인 것을 목표로 했다.

서울 지도를 꺼내들고 후보지를 찾았다. 후보지의 조건은 도심과 가까운 오래된 동네일 것, 작은 필지일 것, 산책하기 좋을 것, 대중교통 이용이 편리할 것, 조용할 것, 주변에 공용 주차장이 있을 것 등이었다. 우선 남산 아래 용산 지역이 떠올랐다.

여러 달 발품을 팔고 고민에 고민을 거듭한 뒤, 2013년 8월, 용산구 후암동에 30평 크기의 땅을 계약했다. 2014년 7월, 옥상 조경을 끝으로 마침내 작업실이 완성되었다. 건물의 이름을 '소율'로 정했다. 수련을 마치고 건축가로 활동을 시작한 지 20년 6개월이 지난 시점이었다. 20년을 매듭짓고 새로운 인생이 시작되는 느낌이 들었다.

내 이름은 빨강

당신들이 던지는 질문을 들었다. 색이 된다는 것이 무엇을 의미하느냐고?

－『내 이름은 빨강』, 오르한 파묵 저, 이난아 역, 민음사, 2009.

소율을 짓고 나서 제일 많이 듣게 된 질문은 왜 '빨강'이냐는 것이었다.

특별한 색채를 구사하는 것보다는 '재료' 본연의 모습을 살리는 것을 추구해온 내 입장을 아는 동료들에게 소율의 '색'은 좀 놀라웠던 것 같다. 그런데 이 건물을 정확히 이해한 사람이라면 조금 다른 문장으로 질문했을 것이다.

"구조 프레임을 왜 빨강색으로 칠했어요?"라고. 빨강이 칠해진 부분은 기둥과 보 트러스 등 철골구조 부재 라인으로 전체 표면의 일부일 뿐이다. 대부분의 표면은 유리와 철판 등 본래의 물질성을 가진 재료로 이루어져 있다. 그럼에도 왜 '빨강'이냐는 단순한 질문은 본질에 닿아 있다.

소율은 철골로 된 구조 프레임을 그대로 노출한 집이다. 집이 어떻게 세워졌는지, 중력을 따라 힘이 어떻게 흐르는지 또렷이 보인다. 철골구조 사이는 짙은 회색 철판과 유리로 채웠다. 무채색, 또는 중성적인 물성의 재료와 대비되어 철골구조의 빨강은 강렬하게 어필한다. 이 집을 구성하는 재료 중에 '색'으로 존재하는 유일한 존재이다.

한옥에서 목구조를 드러내 보이듯이, 그동안 철골 프레임으로 된 집을 만들 때 늘 구조의 색을 부여해왔다. 프로젝트의 상황에 따라 짙은 회색, 은색, 자주색 등을 구조의 색으로 선택했다. 그 색들은 본래 철의 상태와 관계된다. 철을 냉간 압연하면 짙은 회색을 띠며, 자르면 그 단면은 은색으로 빛난다. 철이 녹슬면 자주색으로 변한다. 따라서 짙은 회색, 은색, 자주색은 철이 지닌 속성을 담은 색이라 할 수 있다.

소율을 설계하면서는 자주색을 염두에 두었다. 3차원 모델링을 하면서 자주색을 조금 더 밝게 만들었는데, 보다 선명해질수록 마음에 들었다. 프로젝트가 진행되면서 자주색은 점점 빨강에 가까워졌지만 그래도 여전히 자주색의 범주 안에 있었다. 공사가 진행되면서 철골구조 색을 정하기 위해 몇 가지 컬러 톤으로 샘플 시공을 했는데 칠해진 모든 자주색이 마음에 들지 않았다. 자주색 안에 여러 색이 섞여 있어 그런지 탁하고, 순수하지 않은 인상을 주었다.

마침내 내가 원한 것은 보다 순수한 색이라는 것을 깨달았다. 구조의 체계, 중력에 저항하며 힘이 흐르는 단단한 선. 그것을 보다 분명하게 드러내고 싶었다. 단지 구조를 또렷하게 보이기 위해서만 빨강을 선택한 것은 아닐 것이다. 돌이켜보면 빨강, 그 순수한 색을 통해서 소율을 짓는 나의 마음과 입장을 드러내고 싶었던 것 같다.

소율의 빨강색 구조 라인을 보면 힘이 흐르는 것, 피가 도는 느낌을 받는다. 건축은 힘을 구축하여 생명을 보전하는 예술이다. 철골에 담겨 있는 '빨강'의 목소리는 이토록 선명하다.

나는 빨강이어서 행복하다! 나는 뜨겁고 강하다. 나에게 있어 섬세함은 나약함이나 무기력함이 아니라 단호함과 집념을 통해 실현된다. 나는 나 자신을 밖으로 드러낸다. 나는 다른 색깔이나 그림자, 붐빔 혹은 외로움을 두려워하지 않는다. 나를 기다리는 여백을 나의 의기양양한 불꽃으로 채우는 것은 얼마나 즐거운 일인지! 내가 칠해진 곳에서는 눈이 반짝이고, 열정이 타오르고, 새들이 날아오르고, 심장 박동이 빨라진다. 나를 보라, 산다는 것은 얼마나 아름다운가!

– 『내 이름은 빨강』, 오르한 파묵 저, 이난아 역, 민음사, 2009.

빨강의 목소리는 뜨겁다. 나의 마음 한구석에 자리잡고 있던 빨강이 소율의 구조 라인을 따라 새롭게 생겨났다. 붉을 적赤, 마음 심心, 적

심. 순수하고 뜨거운 마음, 거짓 없는 참된 마음. 소율은 단순히 나의 작업실이 아니다. 세계에 대한 비전과 건축에 대한 자세, 집을 짓는 기술과 사람을 대하는 마음을 함께 익힌 제자들의 고향이다. 그들의 친정이다. 나는 내 자신과 작업실의 동지들, 그리고 제자들이 간직하기를 바라는 정신을 빨강색 구조 라인에 담고 싶었다. 그런 의미에서 내가 시도한 최초의 상징이다.

소율에 대한 나의 모든 문장은 '빨강'에 담겨 있는 성분에 대한 진술이다.

아버지의 공간을 찾아서

드디어나와나의아버지와나의아버지의아버지와나의아버지의아버지
의아버지노릇을한꺼번에하면서살아야하는것이냐

- 〈오감도〉, 이상 저, 1934.

모든 공간은 시간을 품고 있다. 도시에 박혀 있는 길과 건물은 그것
이 만들어진 시대를 증거한다. 도시는 수많은 시대, 다양한 시간이 별
과 같이 채워진 성좌이다. 나는 이 도시, 이 도시의 아버지, 그리고 그
아버지의 아버지, 그 아버지의 아버지의 아버지들이 동시에 존재하는
이 도시에서 살아왔고 또 앞으로 살아갈 것이다.

지금 내가 살고 있는 이 도시를 낳은 아버지 도시의 모습은 어땠을
까? 아버지의 아버지의 정체는 무엇인가? 그것이 무척 궁금했다. 로
마와 북경의 도시구조로부터 파리의 개조계획, 르 코르뷔지에의 근
대도시계획을 배웠지만, 그 모든 배움으로도 내가 사는 도시의 아버
지를 추측하기 어려웠다. 그리하여 이 도시 어딘가에 틀림없이 남아
있을 아버지의 모습, 아버지의 아버지의 모습을 한동안 찾아다녔다.

남산과 후암동.

내 존재를 이루는 '지금, 여기'의 아버지를 찾고 싶은 본능적인 그리움 때문이다.

근대기에 지어진 개량한옥이 산재한 북촌 한옥마을, 청계천과 을지로, 인사동의 골목을 찾아다녔다. 서울 구석구석을 누비는 오랜 답사의 여행 끝에 이 도시를 낳은 아버지의 모습이 가장 잘 담겨 있는 곳이 바로 '용산'이라는 결론에 도달했다. 용산이 아버지의 공간이라면 아버지의 시간은 대한제국으로 시작하여 일제강점기와 해방, 분단과 전쟁으로 이어지는 근대이다.

용산은 근대의 공간으로 기획되고 창조된 공간이다. 일제강점기에 들어서면서 근대는 일그러진 모습으로 우리에게 다가왔다. 일본 제국주의의 폭력이 이 땅의 근대를 추동하는 힘의 주체였다면, 그들이 만들어낸 공간에는 그 속성이 고스란히 담겨 있다. 용산은 군사기지와 철도기지가 결합된 도시 공간이다. 이들이 만든 도시 공간에 박혀 있는 근대적 힘의 성격은 무엇일까.

이 근대적 힘이란 '군대, 학교, 공장 같은 조직화된 힘'과, 무엇보다 '고립되고, 훈련되고, 수용적이고, 근면한 정치적 신민으로 구축된 근대적 개인'을 창출하는 기율에 다름 아니다.

　　　　－『한국현대사』, 브루스 커밍스 저, 김동노 외 역, 창작과비평사, 2001.

철도는 산업혁명을 이끈 근대국가의 핵심적인 산업 인프라이다. 철도는 빠르고 경제적인 교통수단으로 시·공간의 경험을 확장시켰다. 자원을 수탈하고 판매시장을 확장할 수 있는 수단이었던 철도는 일제에게 식민지 개척의 필수적인 도구였다. 용산역은 일제 철도 산업의 총본부였다. 철도공작창, 철도병원, 철도학교 등이 용산에 위치했던 이유이다.

식민지의 지배구조를 유지하기 위해서 가장 중요한 수단은 군대였다. 식민지 점령을 위해서는 전쟁을 수행할 군대가 필요했고, 점령 후의 관리를 위해서는 군대의 진주가 필요했다. 일제는 지금의 미군부대가 위치한 자리에 군사령부와 총독부 관저를 두었다. 처음 일본군이 점령한 영역은 300만 평이었으니 용산 시가지의 대부분을 차지했다.

일제강점기 용산은 철도와 일본군 사령부와 더불어 이를 지원할 도시조직이 요청되었다. 일본군이 점유한 일부 영역에 도시계획과 필지 분할이 시작되었는데, 그것은 서울 도성 외곽 계획도시의 탄생을 의미했다. 빠른 시간에 정확히 재현할 수 있는 그리드 패턴의 가로가 신용산의 도시구조를 만들었다.

철도라는 테크놀로지와 제국주의의 군대, 그리고 계획된 도로체계에 의한 신시가지, 이것이 용산, 근대의 공간을 탄생시켰고, 이후 우리 도시를 만들어가는 하나의 모델이 되었다.

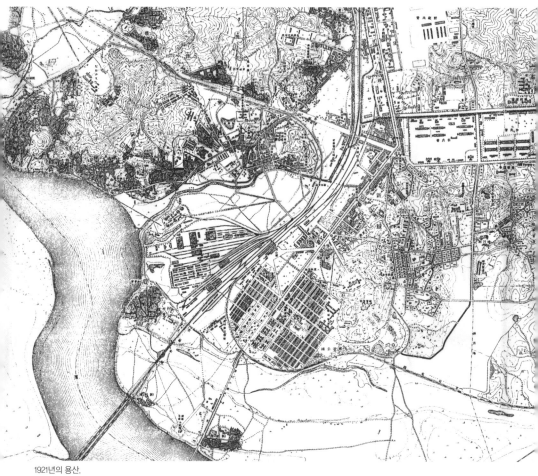

1921년의 용산.

해방 후, 용산역이 철도의 중심기지로 유지되고, 일본군이 주둔하던 지역을 미군이 점유하면서 일제강점기에 만들어진 공간의 질서는 그대로 유지되어왔다.

한편 후암동은 일본인 거주지로 개발되었다. 용산에 일본군이 주둔해 있기에 안전이 보장되었고, 초, 중, 고등학교가 있어서 교육 여건이 좋았다. 일본인 상인들과 군속들, 성공한 조선인들이 후암동에 거주했다. 그들의 흔적은 소위 '적산가옥'이라 불리는 일식주택 형식으로 후암동 골목에 아직도 남아 한 시대를 증언한다.

후암동과 붙어 있는 동네, 해방촌은 또 다른 '아버지의 공간'이다. 집이 없는 사람들이 남산 기슭 듬성듬성 묘지가 있는 지역에 모여들었다. 전쟁통에 북에서 내려온 사람들, 피폐해진 농촌을 떠난 사람들, '그래도 살 수 있는 데까지는 살아야디!'라고 되뇌이며 수탈과 폭력의 세계에서 오직 살아남고자 했던 아버지들은 그곳에서 살면서 품을 팔고 하루를 연명했다. 판자촌은 가난의 상징이었지만, 그 가난은 세월이 흐르면서 골목이 되고 역사가 되었다. 해방촌은 이제 가장 흥미로운 동네가 되었다. 아버지들의 삶의 흔적이 여전히 남아 있는 해방촌은 가난하지만 자유로운 예술가와 작가, 외국인들의 터전으로 변모하고 있다.

남산 아래 용산역과 미군기지, 후암동과 해방촌은 우리의 아버지들이 복무하고 거주하던 공간이다. 고난으로 점철되었던 아버지의 시간과 공간은 여기 오늘날의 용산으로 상속되었다. 서울, 부산, 목포…. 우리의 도시 곳곳에 담겨 있는 아버지의 시대는 망국과 일제강점기, 분단과 전쟁으로 점철된 고난의 역사이다. 고난의 도시에 깃든 폭력과 개발, 파괴와 가난의 흔적을 여기에서 목격한다.

우리는 오랫동안 아버지의 시대와 아버지의 공간을 정면으로 마주하고 성찰하지 않았다. 그 시대를 대면하는 것은 부끄럽고 고통스럽기 때문이다. 우리는 아버지의 시간과 공간을 인정하고 받아들여야 한다. 망국과 일제강점기, 분단과 전쟁의 시대, 명찰을 달고 학교를 다니기 시작한 시대, '건축'과 '도시'라는 단어를 쓰기 시작한 시대, 과학과 인문과 사회라는 이름으로 학문을 시작한 시대, 근대적 통치와 행정을 시작한 시대, 그 시대가 아버지의 시대라는 것을. 우리 안에 아버지의 시대와 아버지의 도시가 자리 잡고 있다는 것을. 우리가 일하고 머무는 공간도 바로 아버지의 시간과 공간에서 시작될 수밖에 없다는 것을.

용산구 후암동, 시간이 쌓인 골목길 풍경

'소율'을 짓기 위해 후암동 지역의 땅을 찾아다닐 때, 가능하다면 남산과 미군 기지 사이에서 건축 부지를 찾고 싶었다. 미군 기지가 앞으로 용산공원으로 바뀔 예정이기에 남산과 후암동 골목, 용산공원으로 이어지는 즐거운 산책길을 머릿속으로 그릴 수 있었다. 남산은 벚꽃으로 시작하여 푸르른 숲, 노란 은행, 그리고 하얀 설경으로 이어지면서 가장 아름다운 방식으로 사계절을 알려주는 산이다. 용산공원의 너른 부지는 다양한 풍경으로 펼쳐질 터이다. 일본의 군대가 머물던 자리, 미군의 기지가 있던 자리, 그 자리가 공원으로 변해가는 기쁜 사건을 여기에서 목격하게 될 것이다.

후암동은 제법 오래된 시간의 켜를 갖고 있다. 남산 아래로 이어지는 한양의 성곽이 있고, 일제강점기에 만들어진 낡은 적산가옥들이 산재한다. 그리고 해방 이후에 지어진 건물들이 곳곳에 남아 있어 후암동은 풍부한 시간의 별자리를 갖는다. 낡고 오래된 건물에는 작은 가게들과 주민들의 집이 자리 잡고 있다.

도시에는 반드시 오래된 건물이 있어야 한다. 오래된 건물이 없다면 아마도 활기찬 거리는 물론이고 지역의 성장도 불가능할 것이다. 여기서 오래된 건물이라 함은 박물관 급의 건물, 즉 많은 돈을 들여서 복원한 훌륭한 건물이 아니라 – 물론 이런 건물들도 좋은 구성요소가 되기는 한다 – 낡아빠진 노후한 건물까지 포함한 평범하고 흔한 별 가치 없는 건물들을 의미한다.

– 『미국 대도시의 죽음과 삶』, 제인 제이콥스 저, 유강은 역, 그린비, 2010.

낡고 오래된 건물에 들어 있어 적은 임대료를 부담하면서 주인이 직접 경영하는 공간은 유지비가 적게 들어가기 때문에 훨씬 더 자유로운 운영이 가능하다. 식빵만을 만드는 빵집, 특이한 공예품을 만들어 파는 공방, 테이블 몇 개가 놓인 작은 찻집과 두 평짜리 초소형 꽃가게는 후암동의 삶을 풍요롭게 해준다.

그 무엇보다 이곳에 매력을 느끼게 했던 것은 골목길 풍경에 담겨있는 삶, 그 자체였다. 골목길 풍경을 이루는 공간적인 요소는 골목길과 작은 필지들이지만, 그 공간에 내재하고 있는 것은 살아가는 시간이다. 그리고 시간에 담긴 기억이다. 누군가 살았던 기억, 그 수많은 흔적들이 이 공간을 채우고 있다. 담장과 대문과 골목의 모퉁이에 스며 있는 시간들….

후암동의 모습들.

182

아무리 뛰어난 건축가라도 만들 수 없는 시간의 형상, 오래된 기억이 이곳에 담겨 있다. 아버지의 시대, 근대 이후의 삶의 기록이 고스란히 담겨 있는 시간의 저장고. 작은 가게들과 동네 주민들의 일상을 만나는 삶의 현장. 이 후암동 골목에서 나의 일과 일상을 꾸려가고 싶었다.

도시는 기억으로 넘쳐흐르는 이러한 파도에 스펀지처럼 흠뻑 젖었다가 팽창합니다. 자이라의 현재를 묘사할 때는 그 속에 과거를 모두 포함시켜야 할 것입니다. 그러나 도시는 자신의 과거를 말하지 않습니다. 도시의 과거는 마치 손에 그어진 손금들처럼 거리 모퉁이에, 창살에, 계단 난간에, 피뢰침 안테나에, 깃대에 쓰여 있으며 그 자체로 긁히고 잘리고 조각나고 소용돌이치는 모든 단편들에 담겨 있습니다.

- 『보이지 않는 도시들』, 이탈로 칼비노 저, 이현경 역, 민음사, 2007.

'빨강' 소율이 자리한 곳.

N

0   5   10   20

작은 필지, 작은 개발, 작은 경제

물질적인 자원 중에서 가장 큰 것은 의심할 나위 없이 토지이다.

- 『작은 것이 아름답다』, E.F 슈마허 저, 이상호 역, 문예출판사, 2002.

그렇다. 문제는 언제나 토지이다. 땅은 재화를 생산하는 가장 기초적인 수단이다. 작은 대지에 비해 큰 대지에서 더 큰 수익이 생긴다. 최소 대지면적, 건폐율, 주차, 용적률, 사선제한 등 여러 규제로 인해서 작은 토지로는 수익이 나는 개발이 어렵다. 이윤의 확대와 산술적 효율을 위해 작은 필지들은 더 넓은 필지로 통합된다. 이때 등장하는 단어가 바로 '규모의 경제'이다. 대규모의 개발은 거대자본을 부른다. 공항과 체육관과 백화점을 건설하기 위해서는 거대자본이 필요하다. 그렇지만 우리 동네에 거대자본이 들어오는 것은 반대한다. 대규모 개발의 끝은 곧 동네의 소멸이기 때문이다. 동네는 '작은 규모의 경제'를 원한다.

우리 도시가 보다 많은 사람들에 의해 소유되기를 바란다. 규모는 작지만, 많은 숫자의 경제 단위가 성공적으로 유지되는 증거이기 때문이다. 작은 경제 단위의 활력은 공동체 전체에 활력으로 이어진다. 작은 경제가 도시 안에 깃들기 위해서는 각각의 토지는 그에 비례해 작아야 한다. 작은 토지를 효율적으로 사용하는 것, 이것이 우리 도시에서 요구되는 바람직한 개발의 방향이라고 생각한다.

후암동에 작업실을 짓기로 결심하고서는 작은 필지를 구하러 다녔다. 우리 설계팀은 인원이 열 명이 안 되는 충분히 작은 경제 단위이기 때문이다. 10년 전, 이십 명까지 팀이 커진 적이 있었다. 팀이 커지면 그에 비례하여 프로젝트를 많이 해야 한다. 프로젝트가 많아지면 아무래도 각각의 프로젝트에 쓰는 시간이 줄어들고 결국 완성도는 떨어진다. 장인의 아틀리에 같은 방식으로 운영을 하는 우리 팀의 경우에는 열 명을 넘지 않는 것이 좋다는 것이 지난 20년의 경험 끝에 얻은 확신이다.

작은 조직이 주는 매력이 있다. 한 사람 한 사람 서로 잘 알고, 한 가족처럼 챙겨준다. 위에서 아래로 지식이 전수되고, 아래에서 위로 새로운 질문이 전달된다. 눈빛만 보아도 그 마음을 알게 된다. 작은 조직의 팀원들은 큰 조직의 팀원들과는 달리 일이 돌아가는 모든 과정을 속속들이 배운다. 설계 초기단계에서부터, 실시설계와, 공사감리에 이르는 전 과정에 깊이 참여한다. 따라서 설계 과정에서 '소외'는 거의 일어나지 않는다. 그 결과 우리 팀은 작은 조직임에도 뛰어난 건축가들을 배출할 수 있었다.

작은 조직은 작은 경제를 가능하게 해준다. 굳이 많은 프로젝트를 하지 않아도, 작은 경제는 돌아간다. 적은 일을 하면 더욱 일에 집중할 수 있고, 여가를 더 많이 가질 수 있다. 작은 경제에서 살아가는 우리는 동네의 카페를 이용하고, 동네의 식당을 찾는다. 작은 가게들은 공간은 좁아도 인심이 넘친다. 넘칠 듯 채워주는 미역국에서 어머니의 손길을 느끼고, 덤으로 내어주는 만두 한 접시에 할머니의 마음을 느낀다.

작은 조직, 작은 경제는 작은 개발을 요구한다. 작은 땅이기 때문에 감당할 만한 예산으로 집을 지을 수 있다. 여기 후암동에는 과연 작은 필지들이 많았다. 12평짜리로 시작하여 50평에 이르는 대지들이 부동산에 나와 있었다. 작업 공간이 15평은 되어야 우리 팀이 함께 작업할 수 있다. 따라서 건폐율이 60퍼센트라고 했을 때, 최소 대지면적은 25평은 되어야 했다. 마침내 발견한 후암동 어느 골목의 30평의 대지, 우리에게는 크지도 작지도 않은 꼭 맞는 땅이었다. 감당할 수 있는 바로 그 크기였다.

한계와 가능성

무엇이든 지을 수 있는 대지, 무엇이든 만들 수 있는 공간은 없다. 그렇지만 모든 대지, 모든 공간은 저마다 고유한 가능성을 갖고 있다. '설계를 한다'는 일은 대지가 갖고 있는 가능성, 프로젝트가 가지고 있는 잠재력을 열어 보이는 것이다.

대지면적 30평, 후암동 소율의 대지는 땅이 작기 때문에 토지매입 비용이 저렴하고, 우리에게 꼭 맞는 필요한 면적을 지을 수 있다. 대지 면적 30평이 의미하는 바는 건축법에 의해 한 층의 면적이 18평이 가능하다는 것, 지상으로는 60평 이상 짓지 못한다는 것이다. 지하에 대해서는 건폐율과 용적률 제한이 없다. 내가 원한다면 지하에 큰 공간을 가질 수 있다.

최고 높이 9미터 뒷집의 일조권을 보장하는 법률에 의해 9미터 높이까지 건축이 가능하다. 9미터 높이에 3층을 만들어내기가 쉽지 않다. 바닥 슬라브와 보를 만들고 배관을 하고 나면 천장 아래 공간이 너무 낮아진다. 더구나 바닥에 온돌을 하기 위한 두께도 필요하다. 9미터 안에 3층을 넣기 위해서는 특별한 구조형식을 고안해야만 한다.

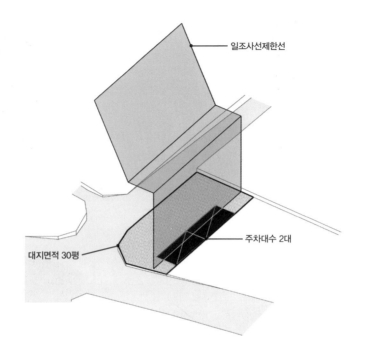

일조사선제한선

대지면적 30평

주차대수 2대

주차와 자동차: 크든 작든, 왜 모든 건물마다 주차를 해야 하는가.
런던과 뉴욕과 도쿄를 보면, 그렇지 않다는 것을 알게 된다. 후암동
골목길은 점점 자동차 전시장이 되어가고 있다. 차를 근처 사설주
차장에 세우고, 소율의 주차장은 비워두기로 했다. 주차장에 차를
세우지 않는다면, 이 공간은 근사한 마당이 될 것이다. 공용의 주차
장에 주차를 확보할 수 있다면, 개별 주택마다 주차장을 마련하지
않아도 된다. 골목길에 차가 적게 다녀 안전하고, 개별 토지의 효율
이 높아지며, 골목의 환경이 크게 개선될 것이다.

남산: 대지의 범위는 어디까지일까. 대지는 건물이 지어지는 필지에서 한정되는 것이 아니라 그 건축물이 관계하는 범위까지 확장된다. 소율의 대지가 가장 먼저 의식한 대지 밖의 존재는 남산이었다. 남산의 아름다운 풍경을 감상할 수 있다면, 우리가 누리는 대지는 남산 전체로 확장될 수 있다. 설계를 진행하면서 남산의 고도와 주변 건물의 높이를 헤아려보니 3층부터는 남산이 보일 것이라는 걸 알게 되었다. 그렇다면, 옥상에서도 남산이 환하게 보일 것이다. 남산을 누릴 수 있는 것이다.

다섯 개의 골목길이 만나는 코너: 이 대지가 마음에 들었던 것은 버스가 다니는 길에서 한 블록 바로 뒤에 있어 집이 눈에 잘 띈다는 점이다. 방문객들이 집을 찾을 때 편리하고, 큰 길에 있는 버스 정류장에서 오기에도 편하다. 이 대지를 더욱 특별하게 만드는 요소는 다섯 개의 골목길이 만나는 것이다. 길모퉁이에 위치하여 집이 사방에서 잘 보이기 때문에 가로 경관은 중요한 고려사항이 된다. 각각의 길에서 새 건물이 어떻게 보일까? 집의 형태와 비례, 입구의 방향 등 중요한 결정이 이 질문으로부터 만들어졌다.

용산중학교 정문: 소율의 부지는 학교 정문을 마주하고 있다. 등하

곳길의 학생들에게 새 건물은 시각적 초점이 될 것이다. 그들에게 소율은 논리적 구성을 가지면서도 명랑하고 밝은 건축물로 보이기를 희망했다.

쌈지공원: 이 대지가 지닌 한 가지 행운은 건너편 코너에 작은 쌈지공원이 있는 것이다. 이른 봄에는 철쭉이, 늦은 봄부터 초가을까지는 배롱나무 꽃이 골목의 모서리를 아름답게 장식한다. 설계를 시작한 처음부터 쌈지공원이 보이는 쪽으로 창문을 꼭 내고 싶었다.

일하는 집의 조건: 작업과 공부, 소통과 거주

건축가는 많은 분야의 학문과 다양한 종류의 기술을 배우고 익혀야 한다. 모든 분야의 기술과 예술이 건축가의 결정에 의해 검증되기 때문이다.

– 비트루비우스, 『Ten books of Architecture Vitruvius』,

M.H. Morgan 영역, 1914.

건축가, 우리는 어떤 일을 하는가, 그 일을 위해서는 어떤 공간이 요구되는가. 이것이 일하는 집을 설계할 때 가장 먼저 던져야 하는 질문이다. 건축이 무엇인가에 대한 질문도 있어야 할 것이다. 내게 건축은 '개인과 사회의 삶을 3차원 환경에 조직하고 담아내는 모든 시도'이다. 건축가는 개인의 삶을 이해해야 하며, 사회에 담겨 있는 문화와 체계를 통찰해야 한다. 그리고 건축을 환경 속에 구현하기 위한 기술을 연마하고, 아름다운 공간을 꿈꾸어야 한다.

건축가가 '작업을 한다'는 것에는 공부하는 일, 생각하는 일, 설계하는 일, 팀을 이끄는 일, 공사를 감독하는 일, 작품을 발표하는 일, 후배를 가르치는 일 등 수많은 종류의 일을 내포한다. 따라서 건축가가 일하는 집은 다양한 일을 수행할 수 있는 바탕이 되어야 한다. 그러기 위해서는 한 공간이 다용도로 활용될 수 있어야 한다.

작품을 구상하는 일은 건물의 형태만을 구상하는 것을 의미하지 않는다. 학교를 설계할 때는 교육이념을 탐구하고, 학교의 교육과정을 조사한다. 교회를 설계할 때는 교회의 조직을 파악해야 하고, 수술실을 설계할 때는 의사와 환자의 동선을 알아야 한다. 공간을 계획하는 일은 공동체의 비전을 만드는 일이고, 삶의 얼개를 조직하는 작업이다. 공부하지 않고는 설계할 수 없다. 책과 잡지, 팸플릿과 샘플, 수많은 자료를 바탕으로 설계안이 시작된다. 자료의 보관과 축적은 건축가의 중요한 업무이다.

설계를 진행하는 과정에서 팀 작업은 절대적으로 중요하다. 작업실 내에서 팀원끼리 협업이 이루어질 뿐 아니라 건축주를 포함, 구조, 설비, 토목 등 각 분야의 전문가와 협력해야 한다. 그 과정에서 방대한 정보의 교류와 소통이 요구된다. 따라서 건축가의 작업 공간은 만남의 공간이 되어야 한다. 회의 공간은 다양한 크기가 필요하다. 두 명에서 서른 명에 이르는 여러 종류의 회의를 수용해야 하기 때문이다. 소통의 시간은 회의만을 의미하지 않는다. 커피를 마시고 와인을 따르며 즐거운 대화를 나누며 건축을 이야기하고 서로의 생각과 관점을 나눈다. 건축가는 어떠한 장소에서도 설계할 수 있지만, 진정한 소통은 함께 마주하는 공간에서만 가능하다.

소통의 공간에서 교육이 일어난다. 팀원끼리의 교육일 수도 있고, 학생들의 설계수업일 수도 있다. 세미나와 강연회 등 다양한 방식의 교육을 수행할 공간을 원한다.

시간을 쏟지 않고서는 좋은 작업이 만들어지지 않는다. 운이 좋으면 계획안이 빨리 만들어지기도 하지만, 높은 완성도를 요구하는 공사용 도면은 예외 없이 기나긴 정성의 시간을 필요로 한다. 돌을 닦으면 닦을수록 빛이 나듯이, 쏟은 시간만큼 결과물은 좋아진다. 건축가는 작업 공간에서 하루의 가장 오랜 시간을 보낸다. 건축가에게 작업 공간은 단지 일하는 공간이 아니라 거주하는 공간이 된다. 따라서 거주 공간이 가져야 하는 휴식 기능을 갖고 있어야 한다. 따뜻한 차를 마시며 한숨을 돌리고, 테이블에 앉아 수다를 떨고, 가끔은 잠깐 눈을 붙일 수 있는 시간과 공간이 필요하다.

건축가의 공간은 일하는 작업장이자 공부하는 서재이고, 교육하는 터전이다. 소통하는 공간이자 거주하는 '집'이다. 일하는 집 '소율'은 다양한 역할을 수행해야 한다.

군자는 한 가지 구실밖에 못하는 그릇 같은 존재가 아니다.
- 『논어』, 김범부 주해, 현암사, 1974.

　일과 휴식, 공부와 놀이, 사색과 만남을 담을 수 있는 작지만 온전한 소우주를 소율에 담고 싶었다. 건축 공간 안에 살아야 하는 이상, 건축은 소우주의 성격을 갖게 되고, 건물로 지어져야 하는 이상, 건축은 여러 체계를 동시에 지닐 수밖에 없다. '소율'의 건축을 통해 구조의 체계와 프로그램의 체계, 그리고 도시-건축의 체계를 엮어서, 종국에 총체적인 하나의 '집', 삶이 담긴 소우주를 완성하고자 했다.

구조체계

나는 건축가로서 나 자신에게 항상 이렇게 질문한다.
'나는 어떻게 이 건축을 지어낼 수 있을 것인가?'

— 『Doctrine and Guidelines』, 장 프루베, 대림미술관.

소율을 설계하는 데 있어서, 한편에는 일터로서 절박한 프로그램의
요구가 있었고, 또 한편에는 이웃한 도시 공간과 적절한 관계를 맺어
야 할 의무가 있었다. 층고를 줄이고 기둥 없는 공간을 얻기 위해서는
특별한 구조시스템을 고안해야 하는 숙제가 생겼다.

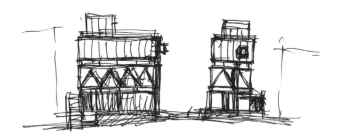

일조권 사선제한에 따른 높이 9미터의 한계 속에서 3개 층을 마련하면서도, 최대한의 천장고를 확보하기 위한 구조를 고안했다. 2층의 외벽 전체를 트러스로 만들면 다른 층의 구조부재를 최소화할 수 있었다. 트러스가 커다란 보와 기둥의 역할을 하기 때문에 1, 2, 3층의 천장 높이를 충분히 확보할 여지가 생겼다. 또한 지하층부터 3층에 이르는 모든 공간의 내부에 기둥을 두지 않게 해주어 자유로운 공간 구획이 가능했다. 12미터 길이의 공간이 선사하는 공간의 융통성을 누릴 수 있게 된 것이다.

소율의 구조체계는 건물의 프로그램과, 도시적 관계와 부합한다.

도시로 향해 열려 있는 1층은 수직력을 받는 기둥 세 개와 횡력에 저항하는 브레이스로 이루어진 최소한의 구조로 짜여 있다. 따라서 내·외부 공간은 크게 개방될 수 있다.

H형강 철골로 만들어진 트러스는 2층의 외벽을 따라 짜여 있다. 직육면체 표면을 한 층 높이로 감싸는 트러스는 횡력과 압축력, 휨에 저항하는 구조이다. 사선으로 만들어진 구조는 공간에 역동성을 불어넣는다. 트러스로 짜여진 2층 공간은 구획이 없이 하나의 공간으로 펼쳐진다.

3층은 5센티미터×10센티미터의 작은 기둥이 일정한 간격으로 세워지면서 모듈에 따라 필요한 공간을 구획할 수 있도록 했다.

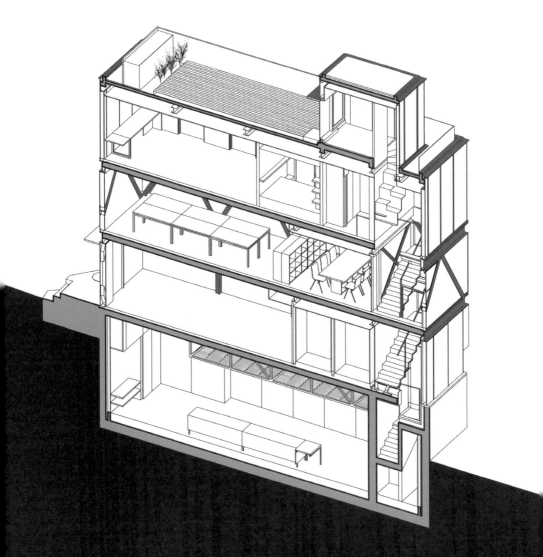

단면

5센티미터 두께의 기둥은 실내의 섬세한 디테일과 조응한다. 작은 크기로 만들어진 구조와 디테일의 치수들은 내부 공간을 한결 넓게 보이게 한다.

소율은 대형 구조와 소형 구조가 조합되어 만들어졌다. 인공 대지를 만들어주는 콘크리트 포디엄과 2층의 트러스가 대형 구조라면 트러스를 받치는 1층의 기둥과 트러스 위에 올라선 3층의 섬세한 기둥은 소형 구조이다. 그리고 책의 부록처럼 개입해 들어간 별도의 구조가 있다. 지하에는 철골 트러스 다락이, 3층에는 목재 박스가, 옥상에는 정자가 삽입되어 있다.

지하로부터 옥상 정원에 이르는 여섯 개의 레벨은 각각 고유한 공간적 특성을 갖는다. 단순한 박스의 윤곽을 가진 집이지만 프로그램과 구조의 질서가 레벨에 따라 변화하기 때문에 단순한 박스는 풍부한 표정을 지닌 입체가 된다.

움직이지 않는 재료들을 사용하고, 다소 실용적인 조건들에서 출발하여 당신은 나를 감동시키는 어떤 관계를 만들어내었다. 이것이 건축이다.

－『건축을 향하여』, 르 코르뷔지에 저, 이관석 역, 동녘, 2002.

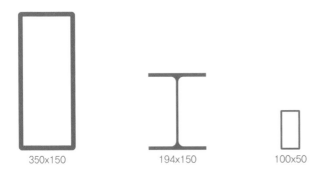

350x150   194x150   100x50

소율에 쓰인 철골부재.

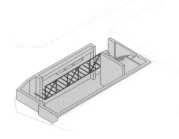

B1
R.C.

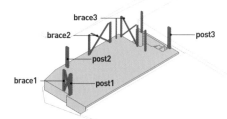

brace3

brace2

post2

brace1 ─── post1

post3

1
tri-post

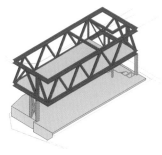

2
truss

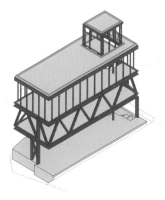

3
steel

조립의 기쁨

집을 짓는 일이 주는 순수한 기쁨이 있다. 어린 시절, 나무 블록이나 레고로 무언가를 만들어냈을 때 느꼈던 행복과 비슷한 감정이다. 중·고등학교 때, 어려운 수학 문제를 풀어냈을 때의 보람도 이와 비슷했던 것 같다. 건축가로 활동을 해온 지난 20년의 세월 동안 여러 어려운 경험들을 했지만, 집을 짓는 순수한 기쁨이 있었기에 건축가로 계속 활동할 수 있었으리라 생각한다.

소율을 짓는 과정에서 누린 기쁨은 그 어떤 프로젝트보다 컸다. 내가 지낼 집이어서 그런 것은 아니었다. 여주주택 소운의 경우에 집을

세우는 과정에서 기쁨보다는 걱정이 훨씬 더 많았다. 소율을 지으면서 특별히 즐거움을 느꼈던 것은 구축 방식이 명쾌했기 때문이다.

콘크리트구조가 거푸집을 만들고 철근을 조립하고 콘크리트를 붓고 다시 거푸집을 해체하는 복잡한 과정으로 집이 지어지는데 비해, 철골 구조는 부재들이 공장에서 상당부분 제작되어 현장에서 조립하는 방식으로 공사가 진행된다. 철골 건축물은 계획 단계의 구조체계 구상, 실시설계 단계의 디테일 도면 작성, 그리고 시공 단계의 부재 조립에 이르는 전 과정이 흥미진진하다. 설계 단계에서 구조뿐 아니라 마감에 이르는 모든 치수를 정밀하게 따지고, 공사의 순서를 논리적으로 구성해야 한다. 따라서 도면에는 정밀한 논리가 담기게 된다. 콘크리트 타설에 비해 훨씬 정밀한 철골 조립은 완벽을 추구하는 건축가에게 근원적인 만족을 준다. 수직 수평이 오차 없이 딱딱 맞아 들어가는 철골의

공간은 잘 다려진 셔츠처럼 깔끔하다.

　소율의 철골부재는 미리 공장에서 재단되어 현장에 반입되었다. 일정한 크기로 조립된 부품들은 트럭에서 내리자마자 크레인으로 조립되었다. 조립에 걸린 시간은 1, 2층은 하루, 3층은 부재의 갯수가 많아 이틀이 걸렸다. 단 3일 만에 철골구조가 완성된 것이다. 철골이 조립되는 과정을 지켜보면서 바로 이런 맛으로 건축을 하는 것이라는 것을 실감했다. 돌이켜보면 이우학교, 문학동네, 과천 주택, 이화외고, 영동교회, 임마누엘 교회, 정선군 보건소, 포항시 남구 보건소 등 만드는 과정이 즐거웠던 프로젝트들은 거의 철골구조였다.

　조립이 완성된 소율의 철골 프레임의 형태는 힘이 작용하는 형태와 일치한다. 구조의 원리가 그대로 드러난 철골의 뼈대는 벡터와 기하학이 결합된 수학적 조화를 표현한다. 수학적 조화는 힘의 평형과 비례의 아름다움을 포함한다. 2층 트러스의 굵은 부재와 3층 철골기둥의 가는 라인은 강렬하게 대비된다. 두께가 다른 철골부재를 타고 흐르는 힘의 움직임이 역동적으로 느껴진다. 외부로 노출된 철골의 굴곡이 만드는 라인은 예리하고 시원하다. 햇살이 비치는 시간이면 선명한 그림자가 철골 라인을 따라 생겨난다. 소율의 철골은 그 그림자조차 날을 세운 칼처럼 서늘하다.

콘크리트 포디엄과 지하 공간

포디엄, 건물의 기단이 되는 콘크리트 덩어리의 내부에는 높이 3.6 미터, 폭 5.5미터, 길이 12.5미터의 공간이 들어가 있다. 경사진 대지에 파고 들어가 지상의 철골 구조물이 들어설 평평한 바탕을 마련한 지하 구조물은 콘크리트로 된 건축이자, 인공지반이다. 콘크리트로 만들어진 인공지형에는 대지의 형상이 고스란히 담겨 있다. 대지 전체를 평평하게 콘크리트로 정리하되 불규칙한 대지의 지적경계를 그대로 따라갔다. 포디엄은 필지의 윤곽을 드러내는 동시에 골목의 형상을 조각한다.

지상층의 구조가 콘크리트 포디엄에 올라서면서 대지와 건물의 관계가 완성된다. 콘크리트 인공지형은 길과 건물 사이에 놓이면서 건물을 보호하는 역할을 한다. 지나다니는 자동차가 건물에 부딪치지 않도록 거리를 만든다. 남산에서 후암동에 이르는 거대한 경사면은 장마철이면 골목을 물길로 만든다. 들려 올려진 포디엄은 집을 침수로부터 보호한다.

포디엄은 길과 건물을 이어주는 역할을 수행한다. 경사로를 따라 자

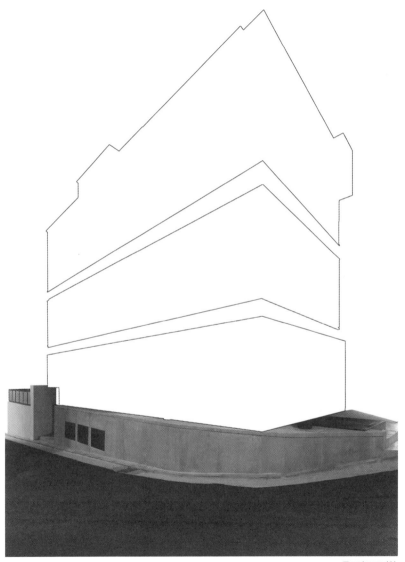

콘크리트 포디엄.

동차가 들어오고, 계단을 따라 사람들이 들어온다. 경사진 길에 마련된 몇 개의 계단은 골목길의 벤치 역할을 해준다. 아침이면 한참을 머물렀다 가는 여자아이와 할머니가 있다. 그 아이는 호기심에 가득한 눈으로 건물을 쳐다보곤 한다. 오후에는 골목을 산책하는 노인들이 잠깐 앉아 쉬기도 하고, 때론 여럿이 모여 수다를 나눈다.

대지의 생김새를 따라 융기한 콘크리트 포디엄 내부에는 제법 큰 지하 공간이 들어섰다. 크게 비어진 공간은 다양한 용도를 염두에 두고 계획되었다. 30명이 회의할 수 있는 규모를 갖추었다. 학생들을 위한 특별 강의를 이곳에서 열기도 하고, 서울대학교와 유펜대학교가 함께 하는 설계 수업을 진행하기도 했다. 지하는 전시 공간으로도 쓰일 것을 염두에 두어 설계했다. 천장의 라이팅 트랙은 전시 조명을 위한 것이다.

이 공간은 연말 모임 때 가장 근사한 공간이 된다. 제자들이 몰려와 이 공간을 가득 채우고 소란스런 대화와 시끄러운 음악이 이어지는 12월의 밤, 이 공간을 만들기 잘했다는 생각을 한다. 함께 모여 서로의 얼굴을 마주할 때 공간은 비로소 진정한 의미가 된다.

공간을 비우는 것보다 더 적극적인 설계행위는 없다고 생각한다. 잘 비우기가 얼마나 어려운지, 비우기 위해서는 얼마나 많은 노력이 필요한지 알기 때문이다. 텅 빈 공간은 가장 고급스럽게 채워진 공간보다

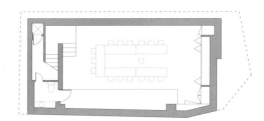

훨씬 더 가치 있다. 비움을 가능하게 하는 수납 공간과 서비스 공간이 필요하다. 폴딩 도어를 열면, 오디오 비디오 장치와 화면, 컴퓨터 등이 갖추어진 공간이 열린다. 평상시에는 목재로 마무리된 벽이지만 이벤트가 열리는 순간, 벽은 새로운 장치로 변한다.

비워진 공간을 날 것 그대로의 재료로 마감했다. 거친 표면의 콘크리트를 그대로 노출했다. 콘크리트의 얼룩조차 근사한 배경이 된다. 지하 방습벽면은 일반 합판으로 마감했다. 저렴한 재료이지만 무늬가 좋은 것으로 골라 붙이니 아름다운 벽면이 만들어졌다. 합판을 자르지 않고 사용한 덕분에 그 어떤 원목으로도 만들 수 없는 시원한 크기의 목재 벽면이 생겼다.

지하 공간의 매력은 어디에 있을까, 그것은 '땅속, 지하'라는 데 있다. 무더운 여름날, 시원한 지하 공간에서 어두움을 즐긴다. 노트북 화면 빛이 유일한 조명일 때, 서늘한 공기가 높은 천장으로부터 내려와 어떤 무게로 묵직하게 내리누르는 느낌이다. 고요하고 적막한 시간, 어두운 지하실에 홀로 앉아 작업을 한다. 침묵과 어둠, 그 공간에서 새로운 세계를 만난다.

도시와 만나기, 소통의 공간 1층

함께 있기 위해 집은 지어진다. 거실과 식당은 음식을 나누고 마음을 소통하는 장소이다. 소율에 그와 같은 소통과 만남의 장소가 필요하다면 그 공간은 1층에 마련되어야 할 것이다. 그곳은 열린 공간이기 때문이다. 기둥 세 개로만 이루어진 구조 덕분에 개방된 포즈를 만들수 있었다. 1층 라운지에 앉아 있으면, 골목의 풍경과 지나가는 사람들의 얼굴이 보인다.

실내와 실외는 근본적으로 대립하는 개념이 아니라 어느 방향을 보느냐에 따라 달라지는 상대적인 개념이다.

– 『건축 수업』, 헤르만 헤르츠버거 저, 안진이 역, 효형출판, 2009.

2센티미터 두께의 투명 유리로 내외부가 구획된 공간은 외부 공기와 차단되어 있을 뿐, 실내 공간은 외부에 속해 있다고 할 수 있다. 테이블에 앉아 맥주를 마실 때면 길거리 한 모퉁이에 앉아 있다는 느낌이 든다. 거실과 식당을 겸한 라운지의 주인공은 커다란 테이블이다.

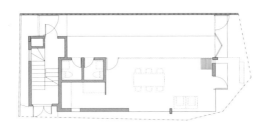

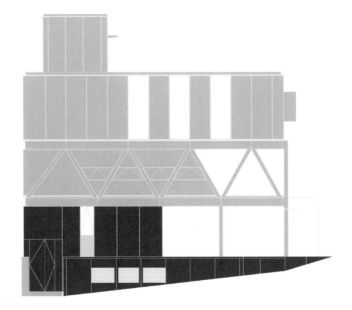

이 테이블에 둘러앉아 회의를 하고, 커피를 마시고, 음식을 나눈다. 골목 모퉁이에서 환하게 보이는 이 공간에 앉아서 함께 건배하는 저녁 시간은 언제나 즐겁다.

소율을 완성하고 나서 축하 만찬을 계획하면서 고민이 많았다. 초대해야 할 분은 많은 데, 열 명 이상이 모이는 모임을 불편해하는 장애를 가졌기 때문이다. 결국 대여섯 명 정도로 초대 인원을 한정하여 여러 번 모임을 가졌다. 모임이 끝나면 한, 두 시간 뒷정리와 설거지를 해야 했는데, 일곱 번 정도 만찬을 치르고는 허리 병이 도지고 말았다. 준비하고 치우는 일이 고되기는 했지만, 골목이 보이는 식탁에 둘러앉아 좋은 분들과 도시와 건축, 인생과 사랑 이야기를 나누는 시간과 공간이 너무나 감사했다.

거실 역할을 하는 라운지는 주차장과 이어져 있다. 그 사이의 폴딩 도어를 열면 두 공간은 금세 하나의 공간이 된다. 하나로 이어지는 순간, 경사진 골목과 유리로 개방된 라운지, 그리고 스카이라이트가 있는 주차 공간이 서로 연속되면서 풍부한 공간의 이야기가 하나로 이어지게 된다. 1층은 진입 공간을 겸한다. 어프로치는 그 자체로 중요하다. 입구에서 내부 계단이 이르는 공간은 좁고 길다. 한쪽으로는 짙은 회색 담장이 있고, 담장과 건물 사이, 길게 열린 틈으로 하늘은 환한 빛을 선사한다. 30평밖에 되지 않는 집이지만 12미터나 되는 진입의

과정이 있다. 그 경로를 따라 초록 식물이 심겨진 화단이 있고, 건축모형이 있고, 전시된 이미지가 있다. 진입의 시간을 위해 마련된 건축적 풍경은 그때그때 변화한다. 풀과 꽃, 모형과 포스터는 그것이 놓여 있던 어떤 순간을 기억으로 남길 것이다.

　1층과 골목길의 관계를 상징하는 공간적 장치는 열린 모서리이다.

실제로 건물 모서리가 열려 있을 경우에는 일반적으로 육중해 보이리라고 예상되는 지점에서 건물이 가볍고 날렵해 보이는 효과가 있다. 이렇게 평형 상태가 변화하면 강조되는 부분도 바뀌어 건물의 리듬이 변화한다. 건물의 시작과 끝이 열리므로 음악으로 치면 여린박이 된다.

ㅡ『건축 수업』, 헤르만 헤르츠버거 저, 안진이 역, 효형출판, 2009.

골목과 만나는 모서리는 넓은 창으로 열려 있다. 열린 모서리로 골
목이 들어온다. 경계면에서 공간이 가벼워지는 것, 가벼워진 공간에서
서로 다른 영역이 만나는 것, 여린박 공간이 주는 선물이다.

하나로 열린 평면, 작업 공간 2층

한옥의 매력 중의 하나는 목구조가 그대로 드러나 보인다는 것이다. 한옥의 목구조는 외부뿐 아니라 내부에도 표현이 되어 별도의 인테리어 없이 목구조가 고스란히 내부 공간의 디자인을 만든다. 2층 작업 공간에 바로 그런 공간을 만들고 싶었다. 조선시대의 목구조와 달리 현대의 철골구조로 만들어진 집이지만 구조를 내·외부에 고스란히 드러낸다는 점에서는 같은 입장을 갖고 있다.

하중을 감당하고 있는 빨강색 철골 트러스의 선은 외부의 입면을 만들고, 동시에 내부의 마감선을 형성한다. 트러스의 사선 프레임은 모서리를 개방하게 해주었다. 유리로 환하게 열린 코너 창으로 골목과 작은 공원이 한눈에 들어온다. 천장 콘크리트 판도 그대로 드러냈다. 구조를 드러낸 까닭에 내부는 건축가들이 일하는 공간다워졌다. 말 그대로 작업장workshop의 분위기가 만들어진 것이다.

작업 공간은 아무런 구획 없이 하나로 열린 공간으로 만들고 싶었다. 프로젝트를 진행하다보면 팀의 구성이 수시로 바뀐다. 그때마다 자유롭게 테이블의 배치를 바꾸어 공간을 조정할 필요가 있다. 융통성

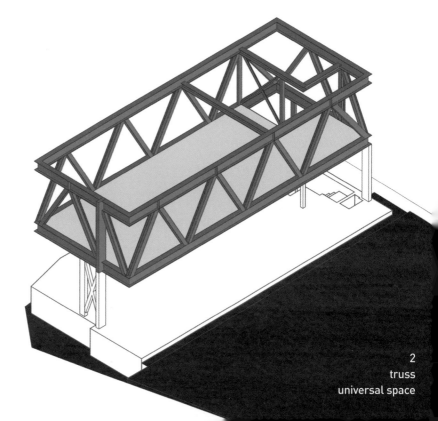

2
truss
universal space

있는 공간을 확보하기 위해서는 기둥과 칸막이벽이 없는 공간을 만들어야 했다. 트러스로 된 튼튼한 구조체는 넓은 공간을 확보해주었다.

하나로 열린 평면이 가능해졌을 때, 작업 공간에 필요한 가구와 장비를 열거해보았다. 도면 플로터, 레이저 프린터, 복합기, 모형 제작용 테이블, 수납장, 책상, 책꽂이, 옷걸이, 냉장고와 냉동고, 전자레인지, 싱크, 개인 서랍장…. 책상의 숫자와 크기를 가장 먼저 정해야 했다.

4.8미터 폭의 공간에 3열로 테이블을 배치하기 위해서는 테이블의 깊이를 최소화해야 했다. 과거의 브라운관 모니터에 비해 LED 모니터의 깊이가 20센티미터 이상 줄어든 것을 감안하면, 테이블 길이를 90센티미터에서 70센티미터로 줄여도 문제가 없으리라 생각했다. 테이블 길이는 1.5미터가량 확보할 수 있었다. 모니터와 키보드가 배치되고, 그 아래 A3 크기의 도면이 올라가고, 그 옆으로 참고자료가 배치되는 적정 사이즈 책상이 만들어졌다.

공간을 만들 때는 늘 작은 크기로부터 출발한다. 신체와 가구의 크기로부터 시작하여 전체 공간이 만들어진다. 테이블 사이즈가 정해지고 나서 비로소 공간의 레이아웃을 시작할 수 있었다. 테이블 크기를 정하고 배치를 고민한 끝에 마침내 아홉 개의 테이블과 한 개의 회의 테이블을 수용하는 평면이 만들어졌다. 원하던 공간이 만들어진 것이다. 배치는 단순했다. 테이블 세 개를 길게 이어붙이고 그것을 세 번

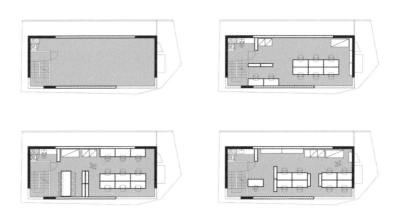

반복하여 아홉 자리를 만들었다. 작업 공간의 단순한 레이아웃은 오랫동안 바라던 것이었다.

완공이 되고 나서 공간을 사용하면서 뜻밖의 문제가 생겼다. 바로 그놈의 전화 때문이었다. 프로젝트의 협의를 위한 전화, 현장의 전화가 수시로 걸려오면 1.5미터 간격으로 이웃한 팀원들이 크게 방해를 받았다. 참다 참다 결국, 테이블 사이에 낮은 칸막이를 설치했다. 높이 1미터의 칸막이는 전화 소리를 어느 정도 차단하는 데 효과가 있었다. 칸막이는 그리 높지 않았기에 서로 소통하는 데 문제는 없었다. 테이블 배치는 분절된 세포와 열려진 라인, 그 중간 지점에서 타협했다.

그리고 1년이 지나 새로운 배치를 시도했다. 경리를 맡아줄 직원이 생기면서 그의 영역이 독립될 필요가 있었다. 동시에 테이블 간의 거리를 보다 넓게 확보하고 싶었다. 새로 바뀐 배치는 모두를 만족시켰다. 공간도 넓어 보이고 전화 소음 문제도 훨씬 개선되었다.

　팀원이 조직되는 방식, 작업하는 방식이 사무실의 배치를 변화시켰다. 어떤 배치방식이 옳은 것이 아니라 배치가 변화할 수 있다는 것이 옳은 것이다. 개방형 배치와 분리형 배치 그 중간 어딘가에 우리들의 작업 방식이 가장 잘 작동한다는 것을 테이블 배치를 조정하면서 깨닫게 되었다.

　우리는 불과 1년 반 사이에 세 가지 다른 배치를 시도해보았다. 앞으로 이 공간은 우리의 작업방식에 따라 다시 바뀔 것이다. 모든 변화를 받아주는 단순한 공간의 틀, 그것이 하나로 열린 공간 2층의 매력이다.

일과 거주, 중층적 공간 3층

3층은 '일'과 '거주'라는 중층적 기능을 갖고 있다. 공간의 중층적인 사용은 두 가지의 방법을 통해 이루어진다.

첫 번째 방법은 공간을 다용도로 쓰는 것이다. 일하는 공간과 회의하는 공간, 책을 읽고 음악을 듣는 거실 공간을 하나의 공간으로 묶어서 그때그때 필요에 따라 사용한다. 하나의 테이블에서 회의와 독서, 설계 작업과 식사가 가능하다. 책도 읽지만 손님도 접대한다.

두 번째 방법은 공간을 기능에 따라 나누는 것이다. 침실과 화장실과 부엌을 하나의 공간으로 만들 수는 없다. 공간을 나누기 위해서는 구획을 가능하게 하는 공간의 체계가 필요하다. 트러스로 하나의 큰 공간을 만든 2층과 달리, 3층은 1미터 모듈로 수직 기둥이 외벽을 따라 배치된다. 일정한 모듈로 짜여진 3층의 체계는 새로운 공간 구획을 쉽게 이루게 해준다.

기둥 크기는 5센티미터 × 10센티미터로 매우 얇은 두께이다. 구조 부재의 크기는 공간의 스케일을 만든다. 작은 공간들로 구획된 3층은 구조부재의 크기가 충분히 작아야 공간이 좁아 보이지 않는다. 기둥의 두께뿐 아니라 책꽂이 선반과 테이블 다리의 두께, 소파의 디자인까지, 모든 치수는 상대적인 크기의 관계 속에서 결정되었다. 건축은 치수를 통해 완성된다.

　팀원들은 대개 한두 개의 프로젝트를 담당하지만 나는 모든 팀원들의 프로젝트에 관여하기 때문에 보통 여섯에서 열 개의 프로젝트를 동시에 다룬다. 각각의 프로젝트와 관련된 도면과 자료가 필요하기 때문에 넓고 긴 책상이 필요할 뿐 아니라 여러 개의 책상이 필요하다. 내가 쓰는 두 개의 책상은 항상 도면과 책으로 덮여 있다. 지금 내게는 세 번째 책상이 필요하지만 세 번째 책상이 생기는 순간 네 번째 책상이 필요할 것이다. 어찌되었든 이 두 개의 책상으로 버텨야 한다.

　방해받지 않고 일하는 것을 원하기 때문에 작업실에 누군가를 들이는 일을 그리 내켜하지 않는다. 그런데 우연히 이 공간에서 공식적인 회의를 할 기회가 있었는데, 마치고 나서 느낌이 좋았다. 우선 회의를 준비하기에 편했다. 무엇보다 회의에 참석한 분들이 내가 일하는 공간의 분위기를 느끼면서 설계안을 토론하는 것이 좋다고 해서 기뻤다. 소통은 회의의 안건을 통해서만 이루어지는 것이 아니라 '함께 있는 공간'을 통해서도 이루어진다는 것을 실감했다.

　회의야말로 가장 격렬한 작업이다. 한마디 의견에 따라 내 머릿속에서는 집이 다시 설계된다. 토론을 하고 그 결과를 어떻게 설계안에 반

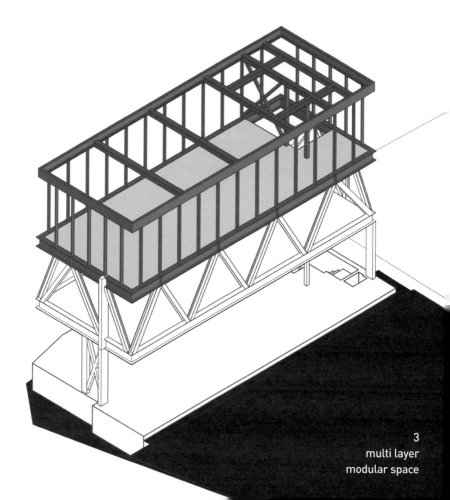

영할지 정하는 일련의 과정은 극도로 긴장이 되는 일이고, 많은 에너지를 소모한다. 회의가 끝나면 대개는 방전이 된 배터리와 같은 상태가 된다. 그 상태는 설계안을 정리하고 나서도 마찬가지이니, 작업을 하든 회의를 하든 그 끝은 지친 육신과 영혼이다.

따라서 이 공간에는 휴식과 위로가 필요하다. 힘든 일을 마치면 책상에 앉은 채로 음악을 듣거나 인터넷 서핑을 한다. 창밖으로 보이는 남산이 눈을 환하게 해준다. 때론 소파에 앉아 책을 읽는다. 남쪽으로 열린 골목이 용산중학교까지 이어진다. 골목길을 가득 메우며 활기차게 걸어가는 어린 학생들을 바라보면 괜히 기분이 좋아진다. 더 긴 휴식이 필요하면 작업 공간 너머로 숨어 있는 방으로 들어간다. 암막을 내리고 잠을 청한다.

3층은 일과 회의와 휴식을 위한 공간이다. 다양한 용도로 사용되는 이 공간은 건축가의 일과 일상이 벌어지는 현장이다. 남산이 보이고 후암동 골목이 보이는 공간, 긴 테이블 위로 자료가 쌓인 공간, 작업과 회의가 되풀이되는 공간, 아늑한 휴식과 깊은 잠이 있는 공간, 나는 이 공간을 내 운명처럼 사랑한다. 이 공간은, 나의 삶 그 자체이기 때문이다.

디테일

'소율'의 공간이 전개하는 멜로디를 감상했다면, 이제 노래의 각 마디마디를 음미할 차례이다. 노래의 마디마디는 집의 디테일로 드러난다. 디테일은 언제나 무엇인가 만나는 지점에 생긴다. 디테일에는 그만남에 대한 입장이 담겨 있다. 도시에 대한 표정, 공간에 대한 해석, 구조와 시공에 대한 개념이 디테일에 담겨 있다.

많은 경우에 기술적 조건과 기술과 무관한 상황은 서로 영향을 주고받는다. 이런 경우 부품과 시스템은 일상과 장소의 조건들과 서로 반응하는 관계를 형성한다. 독립적으로 작용하도록 제작된 부품들은 프로젝트의 조건에 적합하도록 상황에 맞추어 다시 제작되고, 정해진 역할을 위해 선택된 기성부재는 다른 기능으로 사용되기 위해 상황에 맞춰 변용되는 것이다.

－『표면으로 읽는 건축』, 데이비드 레더배로우, 모센 모스타파비 공저,

최원준 외 역, 동녘, 2009.

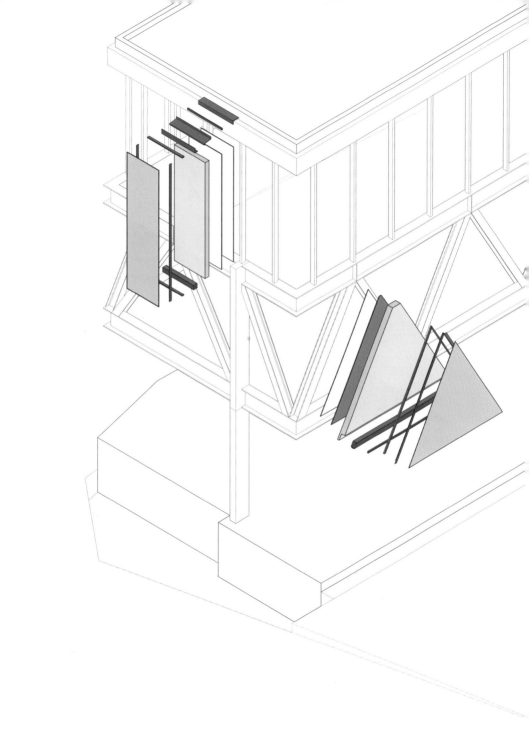

디테일은 상황의 반영이고, 생각의 기록이며, 세계관의 표현이다. 기술이 예술이 되는 순간이다. 소율은 그 디테일을 통해 어떤 표정을 짓고, 어떤 해석을 하고, 궁극적으로 어떤 관계를 구축하고 있을까. 디테일의 생각을 들어보자.

포디엄의 표면: 포디엄을 순수한 콘크리트의 덩어리로 만들고 싶었다. 거푸집 자국이나 폼타이 구멍 등 콘크리트 덩어리를 주조하기 위한 작업의 흔적을 최대한 감추고자 했다. 기단이 하나의 덩어리라는 것을 강조하고 싶었고, 기단을 이루는 콘크리트의 물질성을 또렷이 드러나게 하고 싶었기 때문이다.

경사진 길과 포디엄이 만날 때: 콘크리트 포디엄은 길과 만나는 접점에서 변화한다. 이 순간, 콘크리트를 제어하여 계단을 만드는 것은 철판이다. 철판은 콘크리트 계단판의 틀과 경계를 만든다. 붉은 카펫 대신 철판 위의 콘크리트는 길게 내민 바닥판으로 방문객을 환영한다.
포디엄의 가장 낮은 부분에는 부출입구가 있다. 이 지점에서 콘크리트 포디엄은 갑작스러운 틈을 만든다. 차콜그레이 철판 벽면이 알코브를 만들어 입구를 만들어준다. 콘크리트 덩어리는 비어놓은 공간

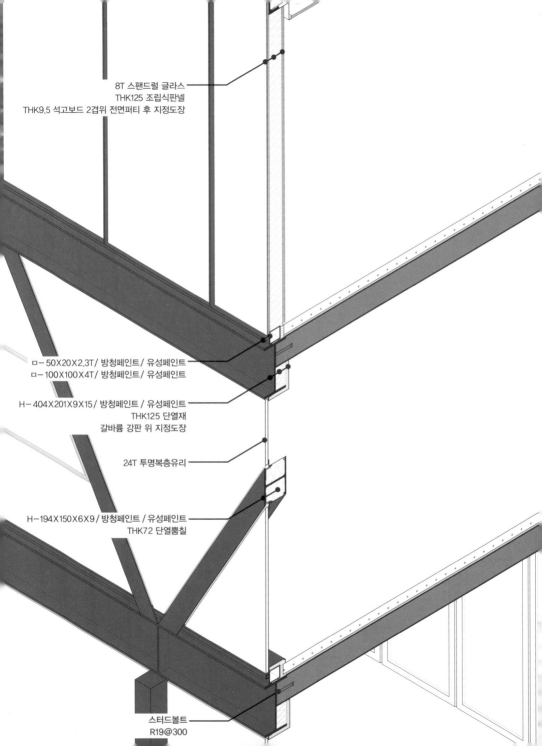

8T 스팬드럴 글라스
THK125 조립식판넬
THK9.5 석고보드 2겹위 전면퍼티 후 지정도장

ㅁ−50X20X2.3T/ 방청페인트/ 유성페인트
ㅁ−100X100X4T/ 방청페인트/ 유성페인트

H−404X201X9X15/ 방청페인트 / 유성페인트
THK125 단열재
갈바륨 강판 위 지정도장

24T 투명복층유리

H−194X150X6X9 / 방청페인트 / 유성페인트
THK72 단열뿜칠

스터드볼트
R19@300

을 통해, 도시를 건축 안으로 불러온다. 골목이 집으로 들어온다.

포디엄이 건물과 만날 때: 콘크리트 포디엄은 건물이 들어설 바탕을 만든다. 포디엄 위로 철골기둥이 세워지고, 유리창이 붙는다. 기둥과 유리를 바닥에 아무런 자국 없이 깨끗하게 붙이고 싶었다. 방수를 위한 두께 안에 기둥을 고정하기 위한 장치와 유리를 잡는 프레임을 숨겨 넣었다. 간결한 모습을 만들기 위해서는 숨어 있는 장치가 필요하다. 단순함은 '숨은 노력'의 결과다.

철이 유리를 만날 때: 유리와 철골이 극적으로 만나게 하고 싶었다. 철골구조 자체만으로는 유리를 고정할 수 없다. 이중 유리를 접합하는 실리콘 두께를 이용하여 유리 뒷면에 고정 장치를 붙였다. 철골과 콘크리트 구조체와 유리의 만남은 프레임과 같은 어떤 매개물 없이 재료와 재료가 직접 만나는 것으로 인식하게 했다. 재료의 강렬한 대비를 통해 서로 다른 물질은 그 본연의 모습을 강렬하게 드러낸다.

유리창: 창은 환기를 위해 만들어진 개폐창과 전망을 위해 만들어진 고정창, 이렇게 두 가지로 만들었다. 열리는 창은 반투명한 스팬

드럴 유리를 사용해서 외부에서는 창 프레임이 보이지 않도록 했다. 철골과 유리로만 입면을 만들고 싶었기 때문이다. 투명 유리로 만들어진 고정창은 주변의 경치를 액자 속에 담아 보여준다. 전망이 좋은 쪽으로 열린 투명한 창을 통해 남산과 골목길 풍경이 들어온다.

얇은 벽: 벽 두께를 얇게 만드는 것은 중요한 과제였다. 벽 두께를 줄이면 실내 공간을 더 넓게 쓸 수 있기 때문이다. 얇은 벽은 고정하중을 줄여주어 구조비용을 절약하게 한다. 일반적으로 외벽의 두께는 35~45센티미터이지만 소율에서는 15센티미터로 만들어내었다. 이중 유리 부분은 2센티미터 두께로 해결했다. 이렇게 하여 확보한 추가 면적은 각 층당 약 2평, 건물 전체로는 6평 정도가 늘어났다. 30평 좁은 땅에 제법 큰 면적을 추가로 확보할 수 있었다.

철골과 철골이 만날 때: 빨강색 철골부재를 따라 구조의 힘이 흐른다. 기둥과 트러스가 만날 때, 트러스가 3층의 작은 기둥들을 만날 때, 철골은 접합부를 갖는다. 철골부재의 접합에 있어서, 볼트 접합부는 내부로 숨기고 외부로 드러나는 접합부는 용접을 했다. 철골과 철골이 만날 때 지저분한 접합 디테일을 대신하여 간결하고 매끈한

벽체

철골

목재

외벽

처마

조인트가 만들어진다. 용접은 개념적인 힘의 흐름과 실재의 철골 형태를 일치시키는 수단으로 사용되었다. 철골이 철골을 만날 때, 힘이 힘을 만난다. 그 힘의 만남을 순수한 형태로 보이고 싶었다.

철판 벽 디테일: 차콜그레이 벽체는 일정한 크기로 나뉘어져 있다. 넓은 면으로 철판을 가공하여 도색하면 열의 변화에 따라 수축 팽창이 일어나, 결국 페인트가 일어나고 갈라진다. 적정한 간격을 따라 수직 줄눈을 넣어 조인트를 표현했다. 수직 줄눈은 벽체에 일정한 스케일을 부여하고, 제작을 유리하게 한다. 일정한 크기로 나뉘어져 있기 때문에 수축과 팽창이 그 안에서 일어나 크랙을 최소한으로 한다.

목재와 목재가 만날 때: 소율의 실내 공간에는 두 종류의 목재가 사용되었다. 지하층에는 일반 나왕 합판이, 3층에는 자작나무 합판이 사용되었다. 두 종류의 합판 모두 최종 마감을 위한 것이어서 합판 두께가 두꺼울 필요가 없었다. 현장에서 목수들과 '동전 두께'라는 표현으로 목재와 목재의 간격을 규정했다. 재료와 재료 사이의 간격은 시공 오차를 해결하고 그 조인트를 디자인 요소로 승화시킨다.

처마: 처마는 비가 들이치는 것을 막거나 햇볕을 조절하는 역할을 하지만, 더 근본적인 처마의 기능은 내부와 외부 사이에 중간지대를 형성하여 기후뿐 아니라 심리적, 형태적 완충지대를 만드는 것이다. 소율의 처마는 전이 공간이라는 본연의 기능에 더하여 다양한 기능을 수행한다. 1층에서는 캐노피의 형태로 만들어져 주출입구를 형성해주고, 방문객을 향해서 환영의 제스추어를 전한다. 3층의 처마는 남산을 향해 돌출되어 3층 실내에 남산의 전경을 액자로 만들어 선사하고, 외부에서는 남산을 향한 방향성을 암시한다. 한편, 옥상 정자에 낮게 설치된 처마는 정원을 앉아서 바라보라고 일러준다.

그림자: 그림자도 중요한 집의 재료이다. 햇볕이 디테일을 만나면서 집의 표면에 그림자가 드리워진다. 디테일이 만들어내는 그림자를 도면에 그려보면 집의 논리가 보인다. 구조의 논리, 도시와의 관계는 고스란히 그림자를 통해 드러난다. 그림자는 말한다. "여기가 입구다.", "이것이 중요한 구조라인이다.", "힘의 리듬은 이렇게 만들어진다.", "이 창은 특별하다."

숨겨진 시공 과정: 디테일은 보여주고 싶은 것을 보여주고 숨기고

싶은 것은 숨기기 위해 고안된다. 모든 제작의 과정, 조인트, 볼트, 용접, 브레이싱 등, 집을 만드는 데 필요한 모든 요소를 드러내는 것이 정직한 디자인이 아니다. 정직한 일기가 하루의 모든 일을 적은 것이 아니듯이 정직한 건축은 구축의 모든 과정을 보여주는 것이 아니다. 디테일에는 의미 있는 구축의 질서가 담겨 있어야 한다.

제작 과정의 모든 흔적들에 어떤 가치를 부여한다는 것이 곧 건축에서 정직함을 의미하지 않는다. 기술이 프로젝트를 지배하지 않으면서 형태를 구성하는 모티브로 사용되도록 해야 한다.

－『형태로부터 장소로』, 피에르 폰 마이스 저, 정인하, 여동진 역, 시공문화사, 2000.

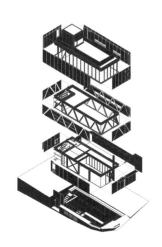

환경을 제어하는 장치, 심리에 대응하는 장치

집이 우리의 제3의 피부라 한다면, 그 피부의 역할은 주변 환경을 제어하여 우리의 몸을 보호하는 것이다. 더위와 추위를 막고 신선한 공기를 들이는 것, 이것이 집의 존재 이유이다.

소율은 '일하는 공간' 이전에 '환경조절 장치'라 할 수 있다. 그 장치는 바닥과 벽 지붕 등으로 만들어져 외부로부터 내부를 감싸안으며, 빛과 바람, 햇빛을 제어한다.

빛을 제어하는 장치는 유리창이다. 투명과 반투명, 두 종류의 유리를 사용했는데, 투명한 유리가 전망을 위한 것이라면 반투명 유리는 채광을 위한 것이다. 빛은 필요하지만 전망이 좋지 않은 곳은 반투명 유리를, 공원과 골목, 남산을 향해 전망이 열린 곳에는 투명한 유리를 사용했다. 작업 공간에 신선한 공기를 들이기 위해 열리는 창을 두었다. 바람이 잘 통하게 하기 위해서 맞통풍이 가능하도록 했다.

가장 좋은 난방 도구는 햇살이다. 남쪽 창으로 햇살이 가득 들어오는 동안에는 영하 10도 아래로 떨어지는 한겨울에도 난방 보일러를 켤 필요가 없다. 작업 공간의 난방방식으로 온돌 난방을 채택했다.

온돌보다 쾌적하고 효율적인 난방체계는 없다. 예상했던 것보다 소율이 겨울에 따뜻한 이유는 바닥 난방과 남향 배치 때문이기도 하지만, 단열 때문이기도 하다. 작업 공간 서쪽에 계단실을 배치하고, 북쪽 벽에 서가를 두어 공간적인 단열의 켜를 만든 것이 효과를 발휘했다. 냉방은 자연환기만으로 해결하기 어려웠다. 지하 공간은 워낙 시원해 에어컨을 틀 일이 거의 없지만, 작업 공간에서는 어쩔 수 없이 에어컨을 틀어야했다.

세계의 주요 나라들과 비교해보면, 우리나라처럼 혹독한 기후를 가진 곳이 있나 싶다. 여름에는 30도가 넘는 고온에 100퍼센트에 육박하는 습도, 겨울철에는 종종 영하 10도 아래로 내려간다. 폭우가 오는 날이면 하루에 200밀리미터 양의 비가 내리고, 태풍이 한 번 불면 지붕이 날아갈 정도로 바람이 세다. 한국의 건물은 세계의 그 어느 곳보다 환경제어의 기능이 중요하다. 이 혹독한 기후가 한국 건축의 고유한 특성을 만들어내리라 믿는다.

소율에 입주해 살아가면서 건물을 통해 환경을 제어하는 것도 중요하지만, 우리의 마음을 편안하게 해주는 것이 더 중요하다는 것을 느낀다. 설계 단계에서부터 프라이버시와 커뮤니티의 문제를 면밀히 따졌다. 투명과 반투명, 불투명의 경계면을 통해 프라이버시의 정도를 계획했다. 열리고 닫히는 정도, 이어지고 단절되는 방식을 조직하면서 공동 공간과 개인 공간의 관계를 만들었다. 유리창의 농담, 공간의 크기와 비례, 마감재의 질감과 색채, 벽의 구획은 심리적 안정감을 고려하여 결정했다.

고정된 건축 장치만으로는 사용자의 심리에 대응할 수 없다. 마음은 시시각각 변하기 때문이다. 수시로 변하는 요구에 대응하는 장치로 움직일 수 있는 창과 문, 그리고 낮은 칸막이, 가구를 이용한다. 문을 활짝 열고 누구든 반갑게 맞고 싶을 때가 있고, 꼭꼭 숨고 싶을 때가 있다. 칸막이로 주변을 차단하고 싶을 때가 있고, 의자를 옮겨서 보이는 풍경을 바꾸고 싶을 때가 있다. 내면의 심리와 외부의 환경에 대응하면서 공간은 시시각각 변해간다.

집 속의 집들

지하에서부터 3층으로 이어지는 건축의 서사에 포함되지 않았던 기능과 공간이 있다. 이것은 최초의 구성에서 제외되었다가 다시 삽입된 것이다. 완결된 이야기 안에 비집고 들어간 에피소드라고 할까. 삽입된 에피소드는 전체 집의 구성과 관련이 있지만, 동시에 그 공간은 그 자체로 독립적이다. 그런 점에서 집 속의 집들은 모두 이중적인 존재이다. 지하에 설치된 철골 공간은 콘크리트 포디엄에 '매달린 집'이라면, 3층의 목재박스는 공간 안에 '삽입된 집'이고, 옥상의 정자는 옥상 정원 위로 '내려앉은 집'이다. 이미 판이 짜인 서사의 영역 속에 자신의 자리를 찾아 비집고 들어간 잉여의 공간들은 그들의 소망을 관철하기 위해 각 층의 영역 안에 '집 속의 집'의 형식으로 침투한다. 이제 그들, '집 속의 집'의 목소리를 들어보자.

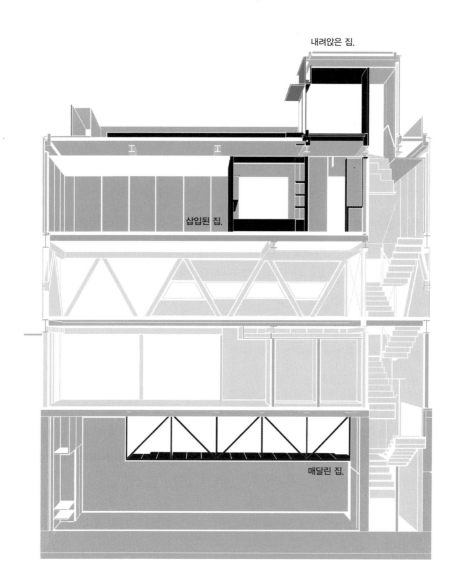

내려앉은 집.

삽입된 집.

매달린 집.

집 속의 집 1. 매달린 집

　20년 설계의 세월이 만만치 않다는 것을 설계하면서 실감했다. 서래 마을 작업실에 있던 건축모형의 부피는 엄청났다. 새 집으로 가져가야 할 모형이 제법 많았다. 2층과 3층의 작업 공간에 배치해보았지만 여전히 모형을 위한 수납 공간이 부족했다. 골조공사 진행 중, 지하 공간을 살피다가 지하층 천장에 모형을 위한 수납 공간을 매달면 어떨까 생각했다. 그런데, 지하실 골조공사는 이미 마무리된 상태였다. 다행히 천장에 볼트를 박아서 구조를 매달 수 있었다. 구조는 트러스 형태가 유리했다. 아주 작은 크기의 부재로도 큰 힘을 받을 수 있었다.

　서로 이질적인 프로그램과 행위가 충돌할 때 오히려 더 재미있는 공간이 생긴다. 매달린 철골 트러스는 모형을 위한 근사한 전시대의 역할을 할 것이다. 회의를 하면서, 수업을 하면서, 영화를 보면서 문득 높이 매달린 건축 모형과 조우하는 것, 꽤나 흥미롭지 않은가. 서로 다른 프로그램이 오버랩 되는 공간, 그 속에서 입체적인 관계가 만들어지는 공간, 그 관계가 다양하게 변화하는 공간이다.

　트러스 형태로 매달린 집은 지하 공간에 있지만 건물 외벽의 철골구

조와 공명한다. 2층에 쓰였던 트러스의 구조 형식이 다시 지하의 구조
에 쓰였다. 콘크리트의 덩어리로 만들어진 지하의 포디엄 안에 섬세한
비례의 철골 트러스가 설치되면서 소율의 구조적 주제가 다시 한 번
반복된다.

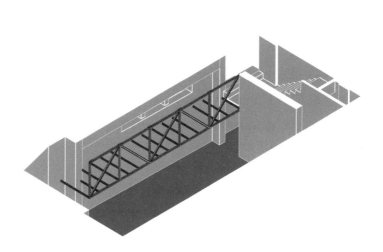

집 속의 집 2. 삽입된 나무 박스

새로 작업실을 만들면서 작은 거주 공간을 만들고 싶었다. 늦은 시간까지 작업하거나, 현장을 가기 위해 사무실에서 새벽같이 출발하는 일이 많아서 늘 잠자는 것이 문제였다. 서래마을에서는 가끔 회의실에 들어가 자기도 했는데 잠의 질이 형편없었다. 잠의 질도 질이지만 일어나서 세수하고 씻는 일이 여간 고역이 아니었다. 새로 작업실을 지으면 침대와 샤워가 있는 공간을 꼭 만들어야겠다고 다짐했다.

그렇지만 막상 설계하면서 공간을 계획해보니 소율의 공간 어디에도 마땅히 둘 곳이 없었다. 내가 원하는 작은 거주 공간은 작업실의 본연의 기능에 배치되는 것이었다. 함께 일을 하는 공간이 아닌, 혼자 잠을 자는 공간이기 때문이다. 따라서 그 공간은 특별한 공간의 형식을 요구했고, 특별한 존재방식을 원했다. 결국 독립된 형식의 '집'으로 존재해야 했던 것이다.

그리하여 '집 속의 집'으로 만들기로 했다. 3층 작업 공간에 자작나무로 마감된 나무박스를 삽입했다. 박스 속에 침대, 욕실, 옷장, 간이 부엌을 넣었다. 폭 3.6미터, 길이 4.2미터, 다섯 평이 안 되는 공간이다.

이 작은 공간은 액자 속 그림 안의 액자, 소설 속의 소설 같은 것이다.

　침대 한쪽으로는 한지 창을 두어 필요할 때 환기를 할 수 있도록 했다. 창을 닫으면 은은한 빛이 들어와 편안한 분위기를 만든다. 한지를 통해 들어오는 빛, 여주 소운을 만들고 나서 그 빛이 얼마나 근사한지 실감했던 바였다. 붙박이장은 1.8미터의 폭이지만, 효율적으로 구성하여 상당한 양의 수납이 가능하게 했다. 샤워와 화장실은 분리했다. 손님이 화장실을 써야 할 때를 감안하여 별도의 통로와 입구가 필요했기 때문이다. 회의를 위해 차와 다과를 준비하고, 때론 간단한 식사를 해결해야 했기에 부엌이 필요했다. 싱크대 앞에 미닫이문을 설치해서 평

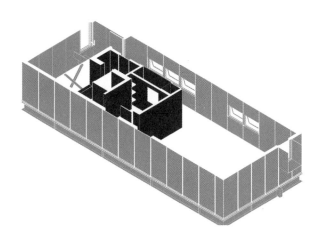

소에는 싱크대가 보이지 않다가 필요할 때 열어서 사용할 수 있도록 했다. 부엌의 작업 공간을 진입 복도와 겸하여 공간을 절약했다.

　작은 공간이지만 침대에서는 팔을 벌리고 잘 수 있고, 옷장은 충분히 넓었다. 샤워와 화장실은 아담하지만 부족함이 없었고, 부엌도 가벼운 음식을 준비하기에 불편하지 않았다. 그것에 필요한 면적은 고작 네 평 반. 그러니까 우리에게 집은 그리 클 필요가 없다는 것을 '집 속의 집'을 만들면서 실감했다.

집 속의 집 3. 옥상 위의 정자

나를 위해 거주의 공간이 필요했듯이 우리 팀원들을 위해서도 휴식을 위한 공간이 필요했다. 커피를 함께 하면서 이야기를 나누기에는 1층만큼 좋은 공간이 없지만, 고요히 휴식을 취하거나 잠깐 눈을 붙일 수 있는 공간을 만들어주고 싶었다.

옥탑에 두 평가량의 공간이 생겼다. 두 사람 정도 눕기 적당한 치수이지만, 네 사람이 차를 마시기에도 좋은 크기이다. 이 공간을 다실이라고 불러도 좋고 작은 침실이라 불러도 좋다. 옥상 마당에 속해 있으니 정자라고 해도 좋을 것이다. 소쇄원의 광풍각의 방이 한 평 정도라는 것을 떠올리고, 두 평이면 아담한 옥상 마당의 정자로는 충분한 크기라고 생각했다.

정자의 바닥은 다다미 분위기가 나는 볼론으로 마감하고 온돌난방을 했다. 붙박이장 안에 수납 공간과 싱크를 두어 정자의 방을 깨끗이 비울 수 있도록 했다. 정자 앞에는 작은 화단을 두었다. 방에 앉아서 계절을 느낄 수 있을 것이다. 창을 열고 옥상으로 나가면 나무 깔린 근사한 마당이 이어진다. 이곳에서 남산이 가장 아름답게 보인다.

언젠가 그곳에서 낮잠을 잔 제자의 이야기를 들었다. 어디선가 살살 바람이 불어오고 끝없이 잠이 오더라는…. 집 위의 집, 소율의 옥상에 지어진 작은 정자이지만 그곳이 많은 기쁨과 위로를 선사하는 공간이 되기를 희망한다.

정자에 진입하기 위해서는 가파른 계단을 올라야 한다. 지하에서부터 3층까지 이어지는 계단은 3층에서 완전히 끝난다. 옥상 정자로 가는 길은 3층에서 새롭게 시작한다. 좁은 공간에 세워진 붉은 강철계단은 강렬한 형태이다. 철판을 접어 만든 이 계단은 오른다는 행위를 조각적으로 표현하고 있다. 오름의 과정은 일상과 절연하는 과정이기도

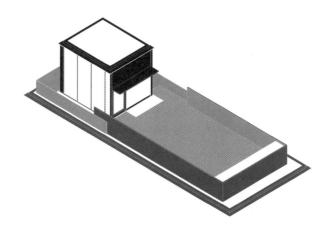

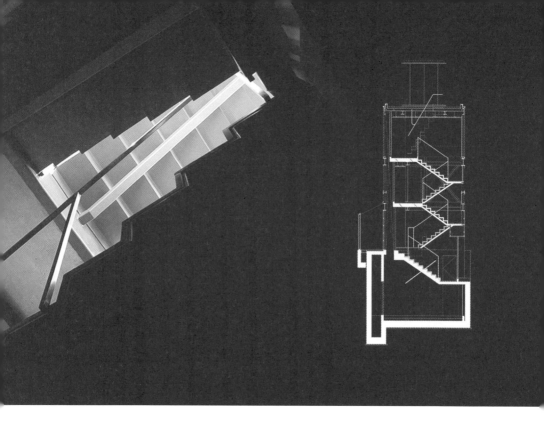

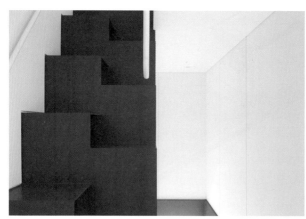

옥상으로 오르는 계단.

하다. 일하는 공간과 이격되어야 관조의 시간을 가질 수 있다. 가파른 계단을 숨 가쁘게 오르고 나면 비로소 편히 앉을 온돌방이 나타나고, 그곳에 앉으면 창문 너머로 남산이 환하게 펼쳐진다.

소율이라는 공간의 서사는 3층에서 마무리되지만 옥상의 정자로 이어지면서 짧은 속편이 펼쳐진다. 이야기의 주제가 '일과 일상'이라면 속편의 주제는 '휴식과 관조'이다.

옥상의 정원 – 관조의 공간

30평 크기의 대지에 마당을 만들기는 불가능했다. 대지 경계를 따라 법적으로 띄워야 하는 거리를 이격한 다음, 건물을 앉히고 주차장을 만들고 보니 나무 한 그루 심을 공간이 없었다. 주차장에 차를 세우지 않고 비워둔 이유도 숨통을 틔울 최소한의 여백이 필요해서였다.

그럼에도 근사한 마당을 가질 수 있으리라 기대했다. 옥상에 마당을 만들 수 있기 때문이다. 설계를 시작하고 나서 대지의 위치와 남산의 등고선을 따져보았다. 옥상에서 남산이 완벽하게 보일 거라는 것을 예측할 수 있었다. 공사 중에 옥상에 올라가보니 과연 남산이 잘 보였다. 정오가 지나면, 남산은 오후의 햇살을 받아 아름답게 빛났다.

옥상 정원은 어차피 인공 대지이므로 굳이 흙을 덮은 정원으로 꾸미고 싶지 않았다. 나무 데크를 깔아 건축적인 바닥을 만들었다. 반듯한 마당이 생겼다. 비워진 마당 끝에 화단을 만들어 억새를 심었다. 억새는 손이 별로 가지 않으면서도 봄, 여름, 가을, 겨울, 특별한 정취를 선사한다. 억새를 심고 남은 공간에는 야생화를 심어 계절을 느낄 수 있도록 했다. 층꽃풀은 가을에, 바늘꽃은 여름에, 꼬리풀은 봄에 피어날

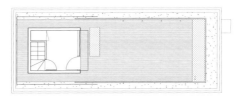

옥상 정원, 정자.

것이다. 정자 바로 앞에는 작고 납작한 화단을 만들었다. 가까이에서도 꽃이며 풀을 즐기고 싶었기 때문이다. 낮은 화단이므로 뿌리가 깊지 않은 식물을 심었다. 기린초, 송엽국, 백리향 등을 가까이 두고 즐길 수 있었다. 나무마루가 깔린 빈 마당에 적당한 크기의 화단을 배치하니 제법 근사해 보였다.

정자와 더불어 휴식과 관조의 시간을 완성해주는 공간은 옥상의 마당이다. 소율이 완성된 뒤 가끔 옥상에 올라가 남산을 바라본다. 남산은 늘 아름다운 자태로 사계절을 보여준다. 남산 중턱 소월길을 따라 지나다니는 차들의 움직임은 언제나 활기찬 느낌을 선사한다. 소월길 아래로는 해방촌 언덕이 보인다. 가난했던 아버지들의 역사가 박혀 있는 곳이다. 아름다운 남산의 풍광 아래로 펼쳐지는 골목길과 빼곡한 집들, 그 숭고한 일상의 풍경은 언제 보아도 아름답다. 우리를 아름답게 하는 것은 결국 우리 자신의 삶이다.

남산과 해방촌.

오래 자란 꿈

일하는 집, '소율'을 완성하고 나서 문득 어머니가 가끔 들려주시던 이야기가 생각났다. 지금에 비해 아주 순했던 어린 시절의 나는 어머니의 권유에 순종하여 의사가 되기로 했다. 어머니는 아들의 꿈을 독려하기 위해 청진기와 혈압계 등, 아이들이 신기해할 만한 것들을 장난감으로 제공해주셨는데, 정작 나는 그런 물건들에는 관심을 갖지 않고, 스케치북 위에 크레파스로 병원을 그리는 데 열중했다고 한다. 4층 병원 옥상에 집이 있고 그 위로 헬리콥터가 착륙하는 그림이 많았다고 회고하면서, 건축가가 되려고 미리 연습했나보다, 라고 말씀하시곤 한다.

지금의 나는, 어린 시절 스케치북에 그린 건물같이 일터와 거주 공간이 함께 있는 '일하는 집'이 우리 도시에 많이 생기기를 소망한다. 일터와 집이 가까이 있다면, 출퇴근이 필요 없으니 차도 필요 없고, 동네에 머무는 시간이 많으니 지역에 대한 소속감도 커질 것이다. 최근에 일과 거주의 공간이 다시 통합되는 경향이 생겨나고 있다. 발달된 디지털 미디어와 통신기술로 인해서 집에서도 충분히 일할 수 있게 되었기 때문이다. 일과 거주가 가까워진 미래 도시를 계획하고 싶다.

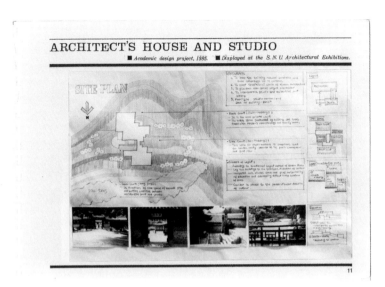

'일하는 집'과 관련된 추억이 한 가지 더 떠오른다. 대학원 1학년 때 설계 과제가 '건축가의 작업실 + 건축가의 집'이었다. 그다지 성실한 학생은 아니었는데, 그때만큼은 열정적으로 설계했던 기억이 있다. 교수님께서 자료로 주신 한옥을 연구하고, 사랑채와 안채, 마당의 의미를 깨치면서 즐겁게 작업했다. 그때 4B 연필로 그린 도면은 지금도 남아 있다.

그 도면을 보면, 경사진 대지를 이용해 높은 쪽에 거주 공간을 놓고 그 아래 공간에 작업 공간을 두었다. 중간 중간에 정원과 마당을 배치하고, 천창을 내부 공간에 배치해서 환한 빛을 끌어들인 작품이었다. 그림에 그려진 작업 테이블의 개수를 세어보니 일곱 좌석…. 그때도 작업실의 규모를 지금과 다르지 않게 생각했던 것 같다. 입구에 위치한 라운지와 화장실, 부엌에 이어 배치한 식당, 모형제작 공간을 겸한 지하의 다목적 공간, 그리고 칸막이 없이 하나로 터진 설계실 등, 지금의 소율과 닮은 점이 많다. 넓은 대지에 수평적으로 전개되었던 그 계획안을 후암동의 좁은 대지에 수직으로 재배열하면 지금의 공간과 비슷해질 것 같다.

그러고 보면 일하는 집, 거주하며 작업하는 공간을 오랫동안 꿈꾼 셈이다. 크레파스로 그린 그림으로, 도시와 건축에 대한 신념으로, 연필로 그린 도면으로. 쉰둘 나이에 얻은 일하는 집, '소율'. 30평 대지 위에 세운 아담한 집이지만, 이 안에는 오래 자란 꿈이 담겨 있다.

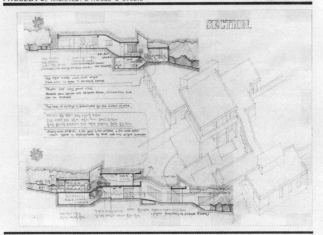

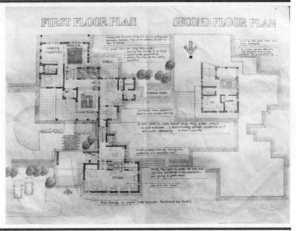

1992년 여름, 늦은 오후

창밖으로 보이는 남산을 보며, 지난 기억을 떠올린다. 신용산에서 시작하여 후암동 소율로 이어지는 기억이다. 어린 시절, 이모님 댁이 신용산에 있어서 자주 다녔다. 대학원을 마칠 무렵에 용산 이촌동으로 이사한 이후, 마흔넷이 될 때까지 용산 지역에서 살았다. 생애의 가장 오랜 시간을 용산에서 보낸 셈이다. 그러니 용산에 대한 기억이 제법 많을 수밖에 없다.

기억에는 연대기적 시간 계산에 대한 견고하고 확실한 척도가 없다. 예컨대 기억은 가장 가까운 것을 아득히 먼 곳으로, 그리고 먼 것을 아주 가까운 곳으로 가지고 올 수도 있다. 가깝고도 먼 것의 독특한 결합은 이것들을 아우라가 있는 장소로 만든다. 그런 장소에서 사람들은 과거와 직접적인 접촉을 한다.
　　　　　－『기억의 공간』, 알라이다 아스만 저, 변학수 외 역, 그린비, 2011.

지금도 어제처럼 떠오르는 어느 늦은 오후를 소개하고 싶다. 1992

년 초여름으로 기억한다. 유학을 마치고 돌아와 여의도에 있는 직장에 취직했다. 출근할 때면 굳이 용산역에서 기차를 탔다. 대방역에 내려서 제법 먼 거리를 걸어 여의도로 건너가야 했지만, 덜컹거리는 전철 칸에서 한강을 내려다보는 시간은 바쁜 일상 속에 누리는 나만의 호사였다. 하지만 철교를 건너다니는 기차 안에서 떠올리는 상념들은 우울했다. 민주화가 되고, 사람들의 살림살이는 나아졌지만, 내가 대면하는 현실은 여전히 부조리한 것이 너무 많았다. 어떤 슬픔이 그 시절 나의 감정을 지배했다.

퇴근길, 기차에서 내릴 무렵 비가 쏟아지기 시작했다. 구 용산역의 커다란 계단 위에서 소나기가 쏟아지는 광장을 하염없이 내려다보았다. 마치 사람의 눈처럼 생긴 광장 위로 쏟아져 내리는 빗줄기를 보면서, 문득, 이 도시 서울이 눈물을 흘리는 것 같았다. 용산역 광장, 저 비어 있는 눈동자를 가득 채운 것은 빗물이 아니라 서울의 눈물이라고 생각했다. 돌이켜보면, 예민하고 뜨거운 서른 살 청춘이었다.

그 눈물의 원인이 무엇이었을까 생각한다. 한 시대의 종언을 그곳에서 느꼈기 때문이 아니었을까…. 그리고 새로운 시대에 대한 두려움, 시대를 이끌어가는 힘이 질량 없는 정보와 이미지라는 것, 보이지 않는 숫자들이 지배하는 세계. 그 커다란 변화가 마침내 여기 오래된 용산역을, 우리가 몸담고 있는 세계를 송두리째 뒤바꿀 것이라는 것을 예감하고 있었다. 텅 빈 광장은 반짝이는 건물로 채워지고, 얼마 남지 않은 빈 공간마저도 돈을 벌어들이는 공간으로 변할 것이라는 것이 뻔히 보였다. 그리고 새로운 물결에 이 도시가 결국 휩쓸려버리고 말 것이라는 불길한 예감이 들었다. 근대라는 시대가 일제의 침략으로 본격화되면서 우리의 전통이 침몰되었듯이, 새로운 시대의 도래가 어렵게 일어선 우리를 다시 힘든 역사로 내모는 것이 아닌지…. 혼돈의 도시 한가운데에 텅 빈 눈망울로 자리 잡은 용산역 광장, 세차게 내리는 소나기가 그곳을 가득 채우고 있었다.

하지만 작은 눈에서

그 많은 눈물을 흘렸던

당신의 슬픔은 아직 자랑이 될 수 있다

나는 좋지 않은 세상에서

당신의 슬픔을 생각한다

- 〈슬픔은 자랑이 될 수 있다〉, 박준 저, 문학동네, 2012.

용산역 광장에 내리는 소나기를 바라보면서, 내가 건축을 시작해야 하는 지점은 바로 저 눈물이 흐르는 곳이라는 생각을 했다. 내가 지금

사는 곳을 이해하고 사랑하는 것이 건축의 시작이라고, 바로 여기 용산에서 건축과 도시의 문제를 고민하자고 마음먹었다. 설계사무소 개업을 하고, 서울건축학교와 서울대학교의 설계 스튜디오를 이어서 강의하면서 용산을 스튜디오의 주제로 삼아 탐구했다. 그 과정에서 용산에 대한 글을 쓰기도 했고, 용산에 관련된 도시설계에 참여하기도 했다. 그런 오랜 인연 때문이었을까. 내가 일하는 집, '소율'이 바로 여기 용산 후암동 골목에 자리 잡게 되었다.

집에 담긴 소명,
아버지의 공간에서 우리의 공간으로

지하로부터 옥상 마당에 이르는 공간이 만들어지고, 마감공사가 끝났을 때 소율은 비로소 그 모습을 이 세상에 드러냈다. 불규칙한 대지 모양을 따라 만들어진 콘크리트 포디엄 위에 직육면체 단순한 박스가 올라서 있었다. 빨강색으로 칠해진 철골구조의 라인 사이의 공간을 철판과 유리로 채운 단순한 구성이다. 구성과 형식은 단순했고, 꼭 필요로 하는 건축적 장치만으로 입체를 만들었지만 디테일이 생성한 섬세한 굴곡으로 인해 풍부한 표정이 만들어졌다. 소율을 바라보면서, 이 공간에 담긴 생각을 되새겨보았다.

아버지의 공간, 용산 후암동에 작업실을 차리기로 결심한 배경에는, 우리의 존재를 21세기 오늘의 시점으로 한정하지 않고 과거로부터 이어져온 시간 속에서 이해하고자 하는 입장이 있었다. 나 자신을 순수한 '나'로 파악하는 것이 아니라, 아버지와 아버지의 아버지로부터 비롯되었다는 것. 특별히 근대, 아버지의 시대가 나의 현재에 가장 깊은 영향을 주었다고 믿었다.

소율의 공간과 형태를 구상하면서도 근대 건축을 강렬하게 의식했다. 근대 건축의 태도를 거칠게 요약하면 자신의 고유한 작품 속에 공간의 요구와 시대의 기술을 합치하는 것이다. 철골과 콘크리트, 유리와 금속, 시대가 제공하는 건축 기술과 재료를 통해 동시대가 원하는 공간을 체계적으로 만들어내고, 그 공간을 생성시킨 기술의 미학을 드러내는 것, 그것이 모더니스트의 입장이었다. 소율에는 모더니즘의 정신이 담겨 있다. 프로그램의 배치와 구조의 질서를 일체화시키고, 구조의 체계와 디테일에 담긴 기술을 아름답게 드러내고자 했다. 철골의 구조라인과 라인 사이를 채우고 있는 재료들, 그리고 그 경계면에 생겨난 디테일은 아버지 시대에 대한 경의를 담고 있다.

아버지의 시대가 내 안에 박혀 있다는 것, 근대 건축이 우리 시대 건축의 바탕이 된다는 것을 인정하지만, 우리의 건축에는 우리 시대가 부여한 소명이 있다. 건축이 대지 안에서 그 형태가 완결되는 것으로 그치는 것이 아니라 주변의 공간으로 확장하면서 관계를 맺기를 희망한다. 자기 완결적 존재가 아니라 주변과 반응하는 도시적인 건축을 원한다.

모더니스트들이 가졌던 중요한 관점을 짐멜은 이렇게 서술한다.

현대의 삶에서 가장 심층적인 문제들은 개인이 자기 자신의 독립과

개성을 사회나 역사적 유산, 외적 문화 및 삶의 기술의 압도적인 힘들
로부터 지켜내려는 요구에서 유래한다.

— 『짐멜의 모더니티 읽기』, 게오르그 짐멜 저, 김덕영 외 역, 새물결출판사, 1998.

분업화된 단순 노동이 지배적인 삶의 형태가 된 기계 시대에, 근대
의 지식인과 예술가들은 자기 자신만은 유일하고 대체 불가능한 존재
라는 것을 증명하고자 했다. 다른 예술가들과 마찬가지로 근대 건축
가들은 건축 공간을 통해 자기완결적인 미학을 추구했다. 자기 자신
의 동상을 세우고자 했던 근대 건축의 나르시스적인 태도는 도시 공간
을 황폐하게 하는 데 일조했다. 우리 시대가 근대, 아버지의 시대를 극
복하는 방식은 건축이 하나의 독립된 건물로만 존재하는 것이 아니라,
이웃과 건강한 관계를 맺고, 동네와 도시가 더 좋아지는 데 기여하는
과정을 통해 이루어져야 한다고 믿는다. 더 나은 삶에 대한 우리 시대
의 고민이 '건축 안에' 담겨 있어야 한다. 건축은 '공간의 예술'을 넘어
서 '관계의 예술'로 진화해야 한다.

시대와 사회를 공유하고 있는 사람들은 각자의 처한 위치가 아무리
다르다 하더라도 차이점보다는 공통점이 더 많은 법입니다. 그러므로
우리의 어떤 대상에 대한 인식의 출발은 대상과 내가 이미 맺고 있는

관계의 발견으로부터 시작되어야 한다고 믿습니다.

－『감옥으로부터의 사색』, 신영복 저, 돌베개, 1998.

소율은 작은 집이지만 그 공간이 되도록 넓은 범위의 도시와 소통
을 하기를 원했다. 골목 모퉁이에 자리 잡은 소율의 모서리를 투명하
게 열었다. 포디엄에 만든 계단은 산책하는 동네 주민들의 벤치가 된
다. 코너에 배치된 흰 꽃 화분은 골목길을 장식한다. 중학교 정문에서
바로 보이는 빨강색 구조라인은 학생들의 시선을 끈다. 돌출된 처마,
넓은 유리창, 트러스, 타공판 난간, 골목길은 소율이 들어서면서 한결
밝아졌다. 세로로 길쭉한 3층의 창문은 골목길 전체를 풍경으로 끌고
온다. 남산을 향해 돌출된 창문은 소율의 공간을 남산 정상으로 확장
한다. 옥상 정원에서는 남산과 해방촌의 풍경이 억새와 야생화와 함께
정원의 일부가 된다. 무거운 단어 '소명'을 소율은 명랑한 방식으로 풀
어낸다. 건축을 통해 이 시대 우리의 삶을 즐겁게 노래한다.

소율의 원고를 거의 마칠 무렵, 정자에 앉아 창밖을 바라보았다. 비
어진 마당이 보였고, 그 끝으로는 야생화와 억새, 그 너머로는 후암
동과 해방촌의 골목들, 그 위로는 환하게 남산과 푸른 하늘이 있었다.
하늘에 흰 구름이 보였다. 저 구름 위로 올라가면 30평 대지에 자리 잡

은 소율은 바늘구멍보다도 작아 보일 것이다. 이 작은 공간에서 우리
가 하는 일은 우주에 '건축'이라는 꽃을 심는 일이다. 우리가 만든 공
간이 아름답게 피어 단단한 씨앗을 맺기를, 그리고 그 속에서 누군가
의 삶이 지속되기를 바란다.

   소율은 우리의 도시에, 아버지의 도시에, 아버지의 아버지의 도시
에, 꽃과 같은 공간과 장소를 생산하는 화원이다. 우리는 꽃을 키우듯
설계를 하고 도면을 그린다. 그 소중한 일을 하는 집, 바로 그곳이 바
탕 소素, 붓 율聿, 바탕이 되는 붓, 소율素聿이다.

소월길에서

맺는 글

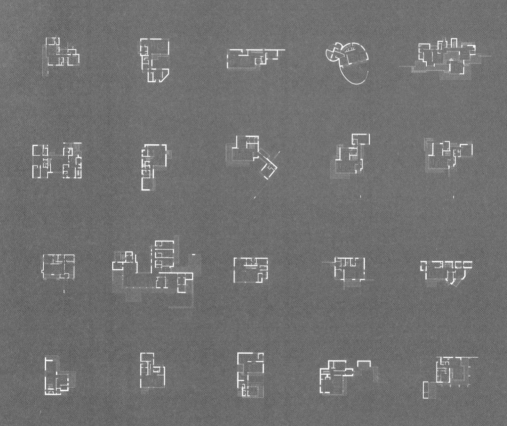

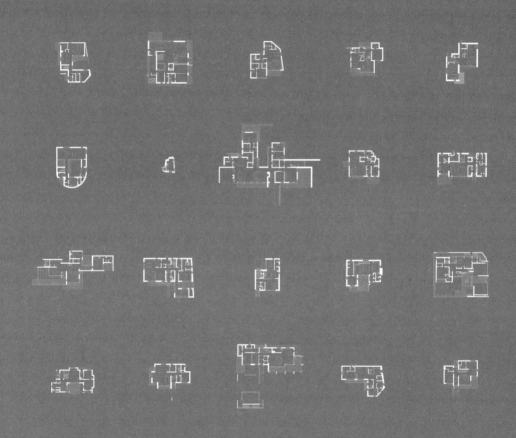

'주택'을 설계하는 기쁨

　건축가를 천직으로 삼고 건축을 직업이자 취미로 여기며 살아왔기에 설계하는 시간이 힘들기는 했어도 재미있고 즐거웠다. 일복이 많았는지 수련 기간을 마치고 건축가로 독립한 뒤에 교회와 학교, 병원과 리조트, 박물관과 오피스 등 다양한 건축 유형을 경험했다. 특별히 주택 설계를 하는 시간에 충만한 행복을 느꼈다. 따지고보면 주택만큼 손이 많이 가는 일도 없고, 노력한 것에 비해 보상이 작은 일도 없다. 아무리 잘 만들어진 주택이라도 불편함이 없을 수 없기에, 어딘가 미안한 마음으로 완공된 주택을 바라보며 일을 마치게 된다. 그럼에도 왜 나는 주택을 설계할 때 가장 행복할까 생각한다. 무엇이 나를 기쁘게 할까.

　건축주를 만나 그들의 꿈과 소망을 듣는 시간이 좋다. 백지 위에 주택을 스케치할 때면 그들의 행복한 시간을 그리고 있다는 느낌이 든다. 창문을 그리며…. 이 앞에 서면, 저 산의 봉우리가 그림처럼 보이겠지, 거실을 그리며…. 여기 둘러 앉아 유쾌한 대화를 하겠지, 다락을 그리며…. 여기에 홀로 누워 있으면 천창으로 들어온 달빛이 얼굴을 비추어줄 거야, 라고 상상한다. 주택을 설계하는 과정을 밟아가며 이곳에 살 누군가의 기쁨을 미리 느낀다.

다른 어떤 유형의 건축보다 주택은 삶과 건축의 거리가 가까워야 한다. 건축과 삶의 형식을 일치시키고자 하는 나의 이상을 주택 설계를 통해 어느 정도 실현할 수 있었다. 주택이 완성된 후에 그곳에 깃든 삶과 공간이 잘 맞아 있는 것을 목격할 때 그리 반가울 수 없었다. 마당에 새로 심은 채송화를 발견할 때, 2층 마루에서 놀던 아이들이 아래층에 있는 엄마와 눈을 맞출 때, 서재에서 아름다운 음악이 흘러나올 때, 건축가로서 뿌듯한 행복을 느꼈다.

하지만 다른 이의 삶의 내용을 이해하고 그것을 공간적 형식으로 담아내는 일이 쉽지는 않았다. 낯가림이 심한 편이어서 처음 만나는 이와 깊은 이야기를 하기 위해서는 용기가 필요했다. 집에 대한 소망을 밝히는 것은 자신의 내면을 고스란히 드러내는 일이다. 자신이 원하는 집에 대해 내게 소상히 말해준 분들도 나와 마찬가지로 용기를 내어 소통의 문턱을 넘어야 했을 것이다. 소통의 과정 속에서 나의 한계를 넘어 타인의 삶 속에 들어갈 수 있었다. 제대로 된 주택이란 바로 집주인을 닮은 집인데, 자세히 보면 그 속에 나 자신의 모습도 겹쳐 보였다. 내가 누군가와 같은 입장이 되어 작업을 하는 일은 내게 어떤 해방감을 주었다. 그 해방감의 정체는 내 자아의 좁은 울타리를 벗어나 타인과 함께 삶을 향유하는 기쁨일 것이다.

주택을 설계하면서 추구했던 또 하나의 이상은 '시대의 삶'이라는 보편성과 '개인의 삶'이라는 고유성을 동시에 만족시키는 것이었다. 집을 짓는 가장 원초적인 이유는 자신의 세계를 공간으로 구축하는 것이다. 그러나 아무리 한 개인이 독특한 개성을 지니고 있다 하더라도 이 시대가 부여하는 조건에서 자유로울 수 없다. 대지의 크기, 도시계획, 건축법규, 건축재료, 가구의 규격, 전기와 가스 등 집을 짓는 데 관여하는 수많은 조건들은 개인의 영역을 넘어서 존재한다. 시대의 보편성과 개인의 고유성을 동시에 공간 속에 담아야 하는 피할 수 없는 패러독스야말로 설계 과정의 중요한 관점이 되었다. 나의 삶도 시대의 보편성과 나 자신의 고유성이 만나는 지점에서 생성된다고 할 때, 주택을 설계하는 일은 건축을 통해 이 세계 속에 나의 삶을 관철하는 방식을 배우고 익히는 기회를 주었다.

'집의 집'을 짓다

지난 20년 동안 꾸준히 주택 설계가 이어져 어느새 마흔 개가 넘는 주택을 완성했다. 건축전문 잡지를 통해 작품을 발표해왔지만, 아무래도 사진과 도면이 중심이 되고 간단한 설계 노트가 소개되는 포맷이다 보니 집에 대한 생각을 전하는 데에는 한계가 있었다. 주택 작품을 따로 모아 책으로 엮기로 마음먹었다. 벌써 몇 년 전의 일이다.

미루고 미루던 끝에 주택에 관한 생각을 글로 쓰기 시작하면서 제일 먼저 던진 화두는 '집'이었다. '주택'보다는 '집'이 보다 근원적인 의미를 갖고 있기 때문이다. '집'에 대한 나의 관점을 먼저 밝히고, 내가 설계한 주택들을 유형과 개념에 따라 몇 가지로 분류하여 설명하는 순서로 책의 목차를 준비했다.

'집'에 대해 생각을 하면 할수록, 집은 건축가의 작품을 넘어서는, 하나의 세계라는 것을 깨달았다. 건축가가 설계한 주택은 '집'이 되기를 기다리는 공간일 뿐이다. 집은 공간이 아니라 삶이 담겨진 시간이다. 그렇기 때문에 집에 대해서 이야기하기 위해서는 그 공간에 담긴 삶에 대해 이야기할 수 있어야 한다고 생각했다. 다행히 나에게 나의 시간이 담겨진 집이 있었다.

'나의 집'에 대한 고백을 시작했다. 머무는 집 '소운'과 일하는 집 '소율'에 대한 글이 한 줄씩 한 줄씩 쌓여갔다. 그것은 아름다운 건축에 대한 이야기도, 드라마틱한 공간에 대한 이야기도, 최신 디테일에 대한 이야기도 아니었다. 집이 세워지는 과정, 그리고 그 공간에서 머물며 사는 시간에 대한 탐구였다. '정지의 미'에 대한 성찰이었다.

나는 너무나 많은 첨단의 노래만을 불러왔다
나는 정지의 미에 너무나 등한하였다
나무여 영혼이여
가벼운 참새같이 나는 잠시 너의
흉하지 않은 가지 위에 피곤한 몸을 앉힌다

– 〈서시〉, 김수영 저, 민음사, 1981.

글을 쓰면서 집에 대해 말하는 것은 결국 나 자신을 말하는 것이라는 것을 실감했다. 집에 대한 기억은 그 뿌리가 깊었다. 그 끝을 찾아가다보면 세발자전거를 타고 마당을 돌던 어린 시절의 내가 보였다. 한옥에서 일식주택으로, 양옥에서 아파트로 바뀌던 나의 집은 나의 개인사이기도 했지만, 우리의 사회사이기도 했다.

망설임 끝에, 주택 작품집을 만들겠다는 처음의 목표는 잠시 미루고 내가 거주하는 집에 대한 고백과 증언을 적은 글로만 이루어진 책을 만들기로 했다. '김승회'라는 한 건축가에게 집은 어떤 의미인지, 어떤 계기로 집을 짓게 되었고, 어떤 소망을 집에 담으려 했고, 어떤 방식으로 공간을 만들며, 어떻게 공간을 향유하는지, 담담하게 적고 싶었다. 마침내 나의 글은 '집의 집'으로 세워지기 시작했다.

나의 집에 대해 고백하는 일은 무척 외로운 작업이었다. 아무도 없는 텅 빈 공간에서 홀로 서 있는 느낌이 들었다. 위안이 되었던 것은 지난 세월 나에게 깨달음을 주었던 분들의 목소리였다. 가스통 바슐라르, 루이스 칸, 에마뉘엘 레비나스, 김수영, 노베르그 슐츠, 오르한 파묵…. 그들에게 내 이야기를 들려주면, 그들은 내게 지혜의 목소리를 던져주었다. 그들의 목소리는 시대를 초월하여 여전히 살아 있었다. 그 목소리와 진심으로 공감할 때, 나의 글쓰기는 외롭지 않았을 뿐 아니라 외려 든든하고 뿌듯했다.

돌이켜보면, 집을 짓기로 마음을 정하고 나서 집이 실제로 세워지기까지는 제법 오랜 세월이 필요했다. 15년, 20년, 오랜 기다림 끝에 '소운'과 '소율'을 완성한 만큼, 그 집에는 그 세월만큼의 소망이 담겨 있다. 소망이 집을 짓게 했지만, 그 집을 진정한 '집'으로 만드는 것은 그 안의 '삶'이다. 따라서 집은 '집이 생기기 이전의 소망'과 '집이 생긴 이후의 삶'으로 구성되고, 그 집에 대한 글 역시 같은 성분으로 구성된다.

집이 생기기 이전과 이후, 그 사이에 존재하는 결정적인 시간이 있다. 바로 '집이 지어지는 과정'이다. 집을 잉태하여 마침내 분만하는 사건이다. 소운과 소율은 건축가의 집이기에, 땅을 선정하고 공간을 설계하고 건물을 공사하는 그간의 과정을 소상히 밝힐 수 있었다. 집이 만들어지는 과정에 개입하는 여러 힘들의 역동적인 관계를 다큐멘터리처럼 기록하고 싶었다. 대지의 잠재력, 위시리스트, 주변 환경, 법규, 건축기술, 물질성, 일하는 방식, 생활하는 버릇, 어린 시절의 기억 등, 전혀 관계없는 것들이 한데 모여 설계의 방향을 정하고 공간의 성격을 만들어가는 과정은 한 편의 드라마이기도 했다.

'소율'과 '소운'은 기능과 위치, 크기와 높이, 구조와 재료 등 여러 가지 면에서 대비가 되었다. 머무는 집과 일하는 집, 시골과 도시, 수평성과 수직성, 콘크리트와 철골, 마당과 골목…. 두 집은 서로 다른 극점에 서 있기에, 그 극점의 거리만큼 다양한 주제들에 대해 짚어보게 해주었다. 그리고 보니 집에 대한 나의 글쓰기는 고스란히 '성찰'의 시간, '자신이 한 일을 되돌아보는' 시간이었다.

당신의 집에서 우리의 도시로

주택 설계에 열중하게 되는 것은 단지 설계할 때 느끼는 행복감 때문만은 아니다. 주택이 우리 도시에서 너무나 중요하기 때문이다. 내가 지금 설계하는 주택은 수많은 주택들 중의 하나일 뿐이지만, 하나의 주택이 모여 동네를 만들고, 그 동네가 모여 도시가 된다. 당연히, 도시에 가장 많이 차지하는 건축유형은 주택이다. 아파트로, 연립주택으로, 단독주택으로, 집의 형식은 다양하게 만들어진다. 도시는 '집'이 모인 곳이다. 집이 모여야 시장도 생기고 학교도 생기고 병원도 생긴다.

'집'의 본질은 정주이다. 머물러 사는 일은 집의 영역으로만 한정되지 않는다. 집을 나와 길을 나서고, 학교에 가고, 직장에 출근하고, 시장에 간다. 우리의 도시는 확장된 우리의 집이다. 나의 집을 진정 사랑하면, 우리의 도시로 그 사랑이 이어진다. 우리 아이가 행복하게 삶을 살기 위해서는 우리 사회가 살 만한 곳이 되어야 하듯이, 머물러 사는 삶이 진정 행복해지기 위해서는 우리 도시가 더 건강해져야 한다.

그 시작은 우리의 집이다. 건물 높이가 동네의 다른 건물들과 잘 어울리는지 따져보고, 창문을 낼 때 이웃집에서 불편해하지 않도록 배려한다. 이웃에 대한 배려와 존중이 집에 담겨야 한다. 그런 집이 모여 있을 때 그 마을에 배려와 존중을 실천하는 이웃이 살게 된다.

배려와 존중을 집에 담는 것에서 한 발 더 나아가 집이 이웃과 만나기를 바란다. 아름다운 나무를 심어 지나가는 사람들에게 멋진 그늘을 선사하고, 발코니에서 옆집과 대화하고, 마당에 이웃집 아이들이 놀러 오는 그런 집이 되었으면 한다. 처마와 창문과 발코니, 마당과 회랑과 테라스에서 소통의 장이 펼쳐지길 희망한다.

집에 있던 아이들은 골목에서 이웃과 만나면서 비로소 시민이 된다. 시민이 광장에 모일 수 있을 때 민주주의가 시작된다. 우리 마을에서 진정한 시민을 양육하고 우리의 도시에서 참다운 민주주의의 꽃을 피우기 위해서는 주택의 형식과 마을의 구성과 도시의 체계가 변화해야 한다. '당신의 집'은 머물러 살고 싶은 '우리의 도시'를 원한다.

우주의 중심에서 오늘을 산다

살고 있는 집은 저마다 다르지만 최초의 집과 최후의 집은 서로 비슷하다.

최초의 집은 어디일까. 그 집은 어머니의 자궁이라고 말할 수 있을 것이다. 양수로 가득한 곳에 손톱만 한 크기의 붉은 심장이 소리를 내며 박동하던 때를 기억하는 이는 없을 것이다. 초음파 장비가 중계하는 아기의 움직임을 모니터로 바라보면서 최초의 집은 저렇게 좁고 캄캄했으리라 상상한다. 가끔 나 자신이 좁고 낮고 아늑한 장소를 좋아한다고 느낄 때가 있다. '소운'과 '소율'의 좁고 낮은 침실은 아마도 최초의 집에서 유래한 것이 아닐까 생각한다. 아직도 엄마 뱃속에서 엄지손가락을 입에 문 채 잠들고 있는 아기가 되고 싶은 걸까.

최후의 집은 어디일까, 그것은 분명 묘지일 것이다. 관이 내려지고 흙이 쌓인 둔덕이 만들어지는 것을 볼 때마다, 나도 언젠가 저기에 누울 것이라고 생각한다. 아득하게 느껴지는 미래이지만, 또한 반드시 만나게 될 미래이다. 어느 가을날, 아버지가 우리 형제를 강촌의 어느 공원묘지로 데려가서 '여기가 가족묘로 준비한 곳이다'라고 말씀하셨을 때, 숨이 턱 막혔다. 내가 가장 오래 머물게 될 공간이 이런 곳이어도 된단 말인가. 가파른 산중턱에서 아득히 이어지는 계곡과 산등성이를 바라보며, 이런 곳이어도 된단 말인가. 똑같은 질문이 계속 머리에서 맴돌았다.

우리의 삶을 탄생으로부터 시작해 죽음으로 향하는 것으로 여긴다면, 오직 한 번뿐인 인생이기에 무언가 간절히 이루려 하거나 아무것도 아닌 인생이기에 허무 속에 삶을 방기하려 할 것이다. 그렇지만 대부분의 사람들이 그렇게 살지 않는 것은 오늘의 삶, 그 자체를 긍정하기 때문일 것이다. 오늘의 삶은 바로 여기, 나와 당신의 집에서 시작한다. 그 집에서 잠들고, 그 집에서 깨어 일어난다. 매일 죽고 매일 새롭게 태어난다. 오늘을 사는 곳, 오늘이 죽는 곳, 그곳이 우리의 집이다.

광대한 우주, 그 경계에 대해서는 말할 사람이 아직 없다지만, '우주의 중심'이 어디냐는 질문에는 자신있게 이야기할 수 있다. 바로 당신의 집이다. 그곳은 심신이 평안을 얻는 곳이고, 자녀가 양육되는 곳이며, 무릎 꿇은 한 영혼이 신을 만나는 곳이다. 집은 오늘의 삶이 우주의 축과 만나는 지점이다. 오늘도 우리는 저마다의 집에서 산다. 집에 사는 이도, 집을 떠나 길 위에서 사는 이도 하루를 마치고 어딘가에서 날개를 접고 '피곤한 몸을 앉힌다'. 지금 잠드는 곳이 당신의 집이고 우주의 중심이다. 당신이 오늘의 당신을 사랑하듯이 오늘의 집, 우주의 중심을 사랑하기를 바란다. 그 사랑으로부터 당신과 우리가, 집과 마을과 도시가, 온 우주가, 생명을 얻고 아름답게 자라날 것이다.

시간을 짓는 공간

ⓒ 김승회

1판 1쇄	2016년 12월 20일
1판 3쇄	2021년 10월 5일

지은이	김승회
펴낸이	김정순
책임편집	배경란
디자인	김수진
마케팅	이보민 양혜림 이다영
사진	김재경 경연성 김한중 이동민 이예슬

펴낸곳	(주)북하우스 퍼블리셔스
출판등록	1997년 9월 23일 제406-2003-055호
주소	04043 서울시 마포구 양화로 12길 16-9(서교동 북앤빌딩)

전자우편	editor@bookhouse.co.kr
홈페이지	www.bookhouse.co.kr
전화번호	02-3144-3123
팩스	02-3144-3121

ISBN   978-89-5605-794-1 03610